SOCIÉTÉ INTERNATIONALE

DE

SECOURS AUX BLESSÉS MILITAIRES

COMITÉ SECTIONNAIRE

DE NANTES

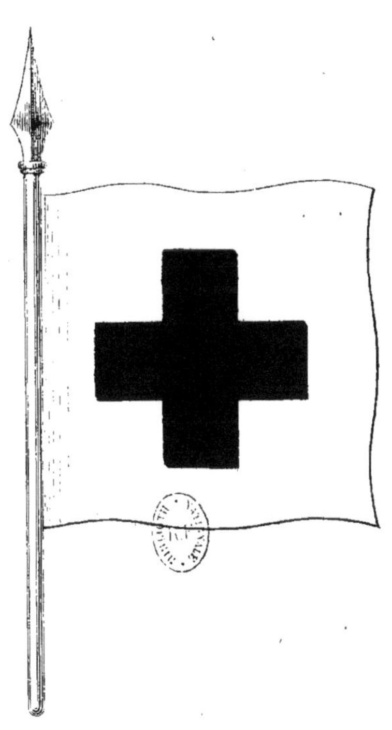

M

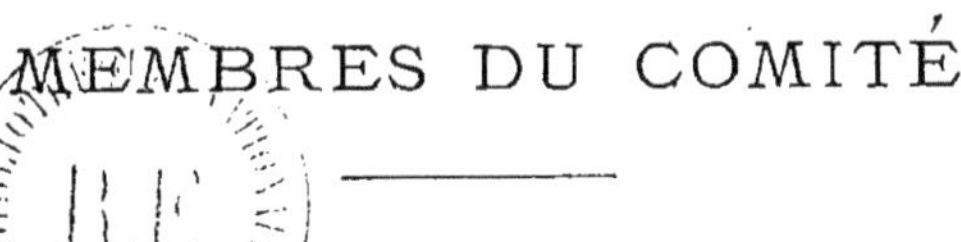

MEMBRES DU COMITÉ

DÉLÉGUÉ RÉGIONAL DE L'OUEST

M. BEULÉ, membre de l'Assemblée nationale, membre de l'Institut, secrétaire perpétuel de l'Académie des Beaux-Arts.

MM. WALDECK-ROUSSEAU, avocat, maire de Nantes, *président honoraire.*

LARRAY (Eugène), négociant, juge au Tribunal de Commerce, *président.*

GILÉE (Henri), architecte, *vice-président.*

DU CHAMP-RENOU (Émile), receveur municipal, *trésorier.*

GAUTIER (Émile), receveur des hospices, *secrétaire.*

BLANCHARD, propriétaire, *secrétaire.*

1er ARRONDISSEMENT.

MM. Arnaud (Lionel-Benjamin), *commissaire principal.*

Baron de la Tour du Pin-Chambly (Gabriel), *commissaire.*

Armansin (Hippolyte).

Charbel (Émile).

2e ARRONDISSEMENT.

MM. de Sallier Dupin (Alexandre), *commissaire principal.*

Pergeline (Eugène), *commissaire.*

Pichery (André).

Seligmann-Lui (Émile).

Garnier-Delaunay (Édouard).

Vidie (Félix).

3e ARRONDISSEMENT.

MM. Perraud (Auguste), *commissaire principal.*
Leglas-Maurice (François), *commissaire.*

4e ARRONDISSEMENT.

MM. Gayot (Ernest), *commissaire principal.*
Mestayer (Léon), *commissaire.*
Durand (Henri).
Quemet (Jean-Marie).

5e ARRONDISSEMENT.

MM. Lorois (Édouard), *commissaire principal.*
Goupilleau (Francis), *commissaire.*
Du Couedic (Charles).
Bourcard (Henri).
Vincent (Félix).

6e ARRONDISSEMENT.

MM. Brissonneau (Mathurin), *commissaire principal.*
Thébaud (Prosper), *commissaire.*
Verger (Constant).
Thierry d'Argenlieu (Louis-Eugène).

COMITÉ AUXILIAIRE DES DAMES

Mmes Guépin, *présidente honoraire.*
Marel, *présidente.*
Boullay, *trésorière.*
De la Barre, *directrice de la lingerie.*
Nivelle, *secrétaire.*
Marie, *secrétaire.*

VICE-PRÉSIDENTES

1er Arrondissement. — Mme Martenot de Cordoux.
2e Arrondissement. — Mme de Martimprey.
3e Arrondissement. — Mme Masseron.
4e Arrondissement. — Mme Blanchet.
5e Arrondissement. — Mme Waldeck-Rousseau.
6e Arrondissement. — Mme Neumayer.
— Mme Martineau.

1870-1871

Malgré les sinistres paroles qui la prédisaient « longue et meurtrière, » nul ne pensait que la guerre de 1870 dût être telle que nous l'avons vue, et les efforts généreux auxquels on fit tout d'abord appel, se concentrèrent à Paris, où les premières Ambulances, dites de la Presse, furent organisées.

Les souscriptions nombreuses recueillies à Nantes prirent le chemin de la capitale et vinrent en aide à une organisation qui semblait devoir défier tous les besoins.

On sait ce qui arriva, le peu de durée des illusions et l'obligation pour chacun de coopérer au salut commun, en se préparant à secourir des malheurs dont on entrevoyait l'étendue sans oser en sonder l'immensité.

La formation d'un Comité de secours aux blessés ne pouvait pas être, à Nantes, une œuvre difficile. Le dévouement et la charité s'exerçaient déjà en faveur des familles des mobiles, mobilisés ou soldats sous les drapeaux, et chacun sait avec quelle ardeur les membres du Comité spécial se sont acquittés de leur mission. Il ne s'agissait donc que de frapper aux mêmes portes pour obtenir un redoublement de zèle, et chacun comprit, en cette heure suprême, qu'il devait à la patrie le sacrifice de ses propres intérêts, de son temps et de ses affections, en compensation du sacrifice bien autrement grand qu'offraient chaque jour ceux qui s'efforçaient de disputer le sol français aux hordes envahissantes de l'Allemagne.

Le 13 septembre, M. Larray réunit chez lui un certain nombre d'amis, et, sous la présidence de M. Beulé, membre de l'Institut et délégué régional de la Société française, on procéda à l'élection des membres du bureau et à la nomination de commissaires principaux d'arrondissements.

Le bureau fut ainsi composé :

MM. Waldeck-Rousseau, avocat, maire de Nantes, fut élu *président honoraire*.
Larray (Eugène), négociant, juge au Tribunal de Commerce, *président*.
Gilée (Henri), architecte, *vice-président*.
Du Champ-Renou, receveur municipal, *trésorier*.
Gautier, receveur des hospices, *secrétaire*.

Le Comité, à raison de diverses circonstances ou de démissions, dut subir dans son personnel plusieurs modifications, et il fut, plus tard, définitivement composé des membres dont la liste figure en tête de ce Rapport.

Aussitôt sa constitution, il s'occupa de la rédaction de quelques articles de réglement dont voici les dispositions :

Article premier. — Sur l'avis de l'envoi de blessés à Nantes, un Comité s'est constitué pour les recevoir, les distribuer dans les maisons et établissements généreusement offerts, et pourvoir à leurs besoins.

Art. 2. — Ce Comité, affilié au Comité central de Paris, se conformera au texte de la convention internationale signée à Genève, le 22 août

1864, par les vingt-deux puissances de l'Europe, et dont les principales dispositions sont rappelées dans la circulaire de M. le ministre de l'intérieur, du 9 septembre 1870.

Art. 3. — Pour établir un concert indispensable, le Comité s'entendra avec l'administration civile de Nantes et l'autorité militaire pour les meilleures dispositions à prendre pour recevoir les blessés et leur donner tous les soins que réclamera leur état.

Art. 4. — Le président du Comité est chargé de réunir les ressources de toute nature et de toute provenance destinées par les donateurs aux blessés de terre et de mer.

Les dons en argent seront déposés à la Banque de France.

Les dons en nature seront placés dans une des salles de la Préfecture.

La répartition en sera faite, par les soins du président, entre les six arrondissements, sur la demande de leurs commissaires principaux.

Art. 5. — Le commissaire principal de chaque arrondissement aura à s'enquérir immédiatement du nombre de lits offerts par les habitants de son arrondissement.

Il en adressera la liste au président du Comité avec la note des objets complémentaires qu'il aura reconnus indispensables.

Art. 6. — Toutes les fonctions des membres du Comité sont gratuites.

Art. 7. — Le président est autorisé à former un personnel d'employés pour les besoins du service.

Art. 8. — Les appointements des employés, les gages des infirmiers et infirmières, ainsi que les choses nécessaires à l'entretien des blessés, seront payés par le trésorier du Comité, sur un bon des commissaires d'arrondissement visé par le président.

Art. 9. — Un Comité de dames est constitué sous la direction administrative du Comité de secours.

Les événements marchaient, et l'inaction ne pouvait être à l'ordre du jour. Le Comité fit un appel pressant à la charité publique en provoquant les dons en argent et en nature, et ce ne fut pas un vain appel. Jamais malheurs ne furent mieux compris par notre population. Jamais elle ne pourra donner une preuve plus grande de l'intelligence d'une situation sans exemple. Encouragé dès son début, le Comité n'hésita pas à étendre immédiatement son action, et non content d'avoir assuré à Nantes un service d'Ambulances fixes, de l'avoir complété par l'acceptation des locaux que les particuliers mettaient à sa disposition, il s'empressa d'unir ses efforts à ceux d'un Comité médical, présidé par M. le docteur Malherbe, qui, dès la fin d'octobre, s'était formé pour la création d'Ambulances volantes destinées à accompagner les bataillons mobilisés de la Loire-Inférieure.

Le 2 novembre, le maire de Nantes présidait à l'Hôtel-de-Ville les deux Comités fusionnés. MM. Beulé et Larray, les docteurs Malherbe et Letenneur l'assistaient au bureau, et autour d'eux s'étaient groupés les membres des deux Comités et les médecins et chirurgiens qui devaient accompagner l'armée bretonne.

M. Beulé, avec une remarquable lucidité d'exposition et un grand bonheur de langage, expliqua le but de cette nouvelle création, les mesures déjà prises ailleurs pour une prompte organisation, pour assurer l'immunité du personnel de l'Ambulance, et s'appliqua à faire connaître les dépenses présumées auxquelles il y avait lieu de pourvoir, les ressources qu'on pourrait y appliquer.

Ces ressources, il les fallait encore demander à la charité publique, et, cette fois, sur la proposition de M. Waldeck-Rousseau, il fut décidé que les communes du département auxquelles on ne s'était point encore adressé, seraient conviées, elles aussi, comme la ville de Nantes, à apporter leur contingent.

Pour rendre plus efficace l'action du comité sur des centres éloignés du chef-lieu départemental, le Comité statua qu'il provoquerait, par des lettres circulaires adressées à MM. les curés et à MM. les maires, leur intervention, et que deux de ses membres seraient chargés, dans chaque arrondissement du département, de centraliser les dons en argent et en nature qu'on obtiendrait.

Les commissaires désignés furent :

MM. GOUPILLEAU et ARMANSIN, pour l'arrondissement de Nantes;
PERGELINE et GAYOT, pour l'arrondissement d'Ancenis;
Baron de la TOUR DU PIN et THOMAS, pour l'arrondissement de Paimbœuf;
CHESSÉ et MESTAYER, pour l'arrondissement de Saint-Nazaire;
CH. DU COUEDIC et PERRAUD, pour l'arrondissement de Châteaubriant.

Les questions de détail furent promptement résolues, comme il convenait en ce temps dont les événements pressaient si douloureusement la marche, le Comité prenant à sa charge toutes les dépenses de l'Ambulance, aussi bien que les frais d'entrée en campagne des médecins et chirurgiens, car il ne fallait pas songer à perdre un temps précieux pour réclamer à l'autorité militaire l'allocation à laquelle ceux-ci avaient droit comme officiers.

Le 7 novembre, les curés du diocèse reçurent la lettre suivante, approuvée par Mgr l'évêque :

Nantes, 7 novembre 1870.

MONSIEUR LE CURÉ,

Dans les circonstances que nous traversons, chaque jour apporte un besoin nouveau de dévouement et de patriotisme. La garde nationale mobilisée de la Loire-Inférieure va partir pour notre défense, et rien ne doit être épargné pour adoucir ses fatigues, pour parer à ses dangers.

Une Ambulance l'accompagnera. Des hommes dont la science égale l'abnégation la dirigent; un prêtre dévoué, des séminaristes pleins de cœur seront à côté d'eux.

Pour faire face aux dépenses considérables de matériel qu'entraîne cette création, le Comité de secours aux blessés institué à Nantes fait appel aux habitants des arrondissements. Il compte sur la générosité de tous; il sait que chacun, riche ou pauvre, donnera, mais il sait aussi que son influence ne saurait s'exercer à distance, s'il n'avait votre concours.

Monseigneur l'évêque de Nantes vient d'autoriser des quêtes dans toutes les églises du diocèse pour contribuer à la dépense. Le Comité, de son côté, vient vous prier instamment d'être, auprès de vos paroissiens, l'interprète de sa demande de secours en nature ou en argent, qui seront centralisés au chef-lieu de l'arrondissement par deux délégués que le Comité y a envoyés, et auxquels vous pourrez adresser le produit de votre récolte, récolte qui ne pourra manquer d'être fructueuse, si chacun mesure son offrande à la gravité des circonstances.

Le président honoraire,
WALDECK-ROUSSEAU, *maire de Nantes.*

Le président du Comité administratif,
EUGÈNE LARRAY.

Le président du Comité médical,
Dr MALHERBE.

A la même date, une lettre ainsi conçue était adressée à tous les maires du département :

Nantes, 7 novembre 1870.

MONSIEUR LE MAIRE,

Le Comité institué à Nantes pour organiser l'Ambulance qui doit accompagner les bataillons mobilisés de la garde nationale de la Loire-Inférieure vient d'adresser un appel aux habitants de l'arrondissement dont votre commune fait partie, pour obtenir, soit en nature, soit en argent, des dons qui permettent de donner à cette Ambulance un développement en rapport avec les services qu'elle est appelée à rendre.

Le Comité compte sur le dévouement et le patriotisme des habitants de votre commune, mais il sait aussi que son appel ne saurait être efficace sans votre patronage et sans votre appui.

L'utilité de la création de l'Ambulance de la Loire-Inférieure n'a pas besoin d'être démontrée; elle n'a besoin que d'être mise en lumière par vos soins. Aussi, édifiés tout à la fois sur le but de l'œuvre, sur la dépense qu'elle entraîne, vos administrés ne manqueront pas d'être généreux, car il s'agit de participer aux secours que des hommes de cœur vont donner à leurs enfants.

Deux délégués du Comité centraliseront les dons que vous aurez recueillis; ils attendent de vous le plus entier concours, et le Comité est certain qu'il n'a qu'un mot à dire pour réveiller tout votre zèle : le temps presse!

Le président honoraire,
WALDECK-ROUSSEAU, *maire de Nantes.*

Le président du Comité administratif,
EUGÈNE LARRAY.

Le président du Comité médical,
Dr MALHERBE.

Dès le 28 novembre, l'Ambulance fut en mesure de quitter Nantes, et trois jours après, elle arrivait au camp de Conlie.

M. l'abbé Bruneau l'accompagnait en qualité d'aumônier.

Le personnel médical se partageait en trois sections. La première comptait MM. Raingeard, Montfort, Bonamy et Cailleteau.

A la seconde étaient attachés MM. Thoinnet, Barthélémy, Raveleau et de Sainte-Croix.

MM. Mercier, David et Raud étaient chargés du service de la troisième.

Enfin M. Corbineau, comme pharmacien, et M. Baudouin, en qualité de fourrier, complétaient le personnel, auquel étaient adjoints, comme infirmiers, quatorze élèves du grand Séminaire désignés par Mgr Fournier.

Chaque section était pourvue d'un matériel comprenant des objets de pansement, des médicaments, des vêtements et des vivres renfermés dans un fourgon, et d'un omnibus destiné au transport des malades et des blessés.

Le Comité de secours avait en outre pris soin d'envoyer au camp de Conlie, à destination de l'Ambulance de la Loire-Inférieure, des lits, des matelas, des caisses de linge et de vêtements et une grande quantité de médicaments. Cet envoi considérable, qui ne comportait pas moins de soixante lits en fer complétement garnis, fut réservé en partie pour l'infirmerie spéciale consacrée à nos mobilisés et, en partie aussi, fut accaparé par la direction des Ambulances pour le service général du camp.

En se bornant à mentionner ici l'organisation de l'Ambulance volante, le Comité a pensé qu'il ne devait pas commettre un plagiat en rendant sienne l'œuvre des habiles chefs de service qui en ont dirigé les trois sections. Il a en mains leurs rapports, et il eût été facile d'y puiser, s'il ne valait pas mieux les livrer à la publicité, et compléter par ces intéressants documents, qui ont toute la valeur de pages d'histoire, ce compte rendu administratif.

Toutefois, ces documents renferment une lacune, puisqu'il n'y est fait nulle mention du courage et du dévouement de nos médecins. Elle serait heureusement comblée si ce dévouement, synonyme de modestie, ne s'opposait à ce que chacun d'eux reçoive ici la part d'éloges qui lui revient. Mais ils l'ont reçue sur le champ de bataille, au pied du lit des blessés ou des malades auxquels ils ont prodigué leurs soins, et le remercîment qui sort d'une bouche reconnaissante a une bien autre valeur que l'éloge d'un rapport officiel.

Nous avons parlé de l'appel adressé à nos populations; partout il fut entendu, partout on y répondit. Bien mieux que des phrases parleront les chiffres inscrits dans les tableaux qui servent d'annexes à ce compte rendu. Ils diront bien plus éloquemment les efforts multipliés de la charité qui s'exerçait sur tous les points à la fois en faveur de notre œuvre, sans rien enlever aux autres fondations bienfaisantes depuis longtemps érigées parmi nous.

Hors du département, hors de France même, le Comité recevait des secours. Son délégué à Londres, M. Poret de Morvan, obtenait de la Société Internationale anglaise de nombreux effets d'habillement, des colis considérables de linge à pansement, de couvertures, de toiles pour draps et pour chemises, de médicaments précieux.

De son côté, la Société des Quakers de Londres, indépendamment d'une somme de 1,250 francs souscrite par ses membres, adressait, pour être distribués à des non-combattants, victimes de la guerre, nombre d'articles semblables à ceux qui viennent d'être énumérés, et qui ont été mis à la disposition du *Comité départemental* de secours aux victimes de la guerre, conformément aux intentions des donateurs.

Les souscriptions en argent venaient s'ajouter à ces libéralités en nature, et, à lui seul, le Comité de secours de la ville de New-York s'inscrivait pour 500 livres sterling (12,500 fr.), donnant ainsi un touchant exemple de sympathie pour notre ville, si liée d'intérêts et d'affections avec les États-Unis d'Amérique.

Le Comité, il n'est pas besoin de le dire, a été profondément ému de ces témoignages d'estime et d'encouragement donnés à sa mission, et il n'a pas manqué d'exprimer sa gratitude, soit par la voie de la presse, soit par des remercîments officiels aux généreux bienfaiteurs.

Car, jusqu'au dernier jour, l'élan ne s'est pas ralenti. Chaque heure, qui créait un besoin nouveau, créait aussi une ressource nouvelle, chacun appliquant son esprit à la faire naître, et quand, le 20 janvier 1871, le Comité s'adressait aux habitants de Nantes pour organiser une souscription à 10 centimes par semaine et par habitant, il suffisait de quinze jours pour obtenir plus de 8,000 fr. Les dames du Comité, auxquelles vinrent s'adjoindre, comme auxiliaires, des dames de bonne volonté, se chargèrent de parcourir tous les quartiers de la ville et de recueillir, à domicile, le don du riche et du pauvre confondus dans une même pensée de charité. N'oublions pas de mentionner les souscriptions recueillies par les journaux de Nantes, et remercions comme il convient leurs rédacteurs de leur patriotique concours.

Parler des ressources créées et obtenues, c'est arriver, sans transition obligée, à leur emploi. Dès le début de la guerre, la préoccupation première du Comité fut l'établissement d'une Ambulance à la gare. Elle devait servir d'asile transitoire aux blessés et aux malades dirigés sur la Loire-Inférieure et les départements voisins, car il était impossible de prévoir qu'à un moment donné Nantes deviendrait tête de ligne pour les évacuations d'une armée de cent mille hommes, alors surtout qu'on ne songeait qu'aux blessés, sans penser que les maladies, produites par tant de causes différentes, suffiraient à elles seules pour encombrer nos hôpitaux.

Quoi qu'il en soit, le Comité ne se laissa pas surprendre. Dès le 27 septembre, il installa, dans une partie du buffet de la gare appropriée à cet effet, une Ambulance de treize lits, qui pouvaient être facilement doublés, et grâce au concours empressé de l'administration de la Compagnie d'Orléans, il put convertir les salles d'attente en réfectoires pour les arrivants, et c'est bien ici le lieu de remercier MM. Berthet, inspecteur principal, de la Rivière, chef, et Blondel, sous-chef de la gare, de l'aide qu'ils ont donné au Comité, sans oublier les agents placés sous leurs ordres.

Il fallait, en effet, une entente cordiale pour éviter tous ennuis préjudiciables aux malheureux qui, trop souvent, hélas! arrivaient sans qu'aucune dépêche annonçât leur venue. Tant que le théâtre de la guerre resta éloigné, on ne reçut que des isolés rejoignant leur dépôt ou leur famille, mais quand les armées belligérantes se rapprochèrent, surtout après les affaires d'Orléans, la situation devint critique. Ceux qu'on recueillit d'abord étaient des malades évacués des hôpitaux de Blois et de Tours, où ils avaient dû céder leur place aux blessés, puis bientôt les convois se succédèrent, l'encombrement ne fit que s'accroître, et il fallut faire face à des embarras qui dépassaient toutes les prévisions.

Il n'est pas inutile de mentionner ici, une fois pour toutes, que l'Ambulance de la gare compte, au point de vue administratif, deux périodes distinctes.

La première, ou de création, dure jusqu'au 1er février, et comprend, par conséquent, toute la période pendant laquelle se livrèrent les grands combats de l'armée de la Loire. Elle est alors, et avant tout, l'œuvre de la Société qui l'a établie.

Dans la seconde, qu'on peut appeler de transformation,

elle est réorganisée militairement par le Dr Feltz, professeur de la Faculté de Strasbourg et inspecteur général du service de santé des armées. Le génie élève des baraquements extérieurs communiquant avec les salles d'attente et y établit des lits de camp. Quatre médecins commissionnés par l'autorité militaire y sont de garde tour à tour, et parmi eux, on retrouve MM. Thoinnet et Barthélémy, dont les noms sont synonymes des services rendus à l'Ambulance volante de l'armée de Bretagne.

Ce fut le 29 octobre 1870 qu'un groupe de dix-neuf malades inaugura la période, depuis lors toujours croissante, des arrivées.

A Dieu ne plaise qu'aucun sentiment d'amertume se glisse jamais dans l'accomplissement du bien! Mais quand on se rappelle ce que fut ce premier convoi, triste avant-garde de tant d'autres qui furent l'image frappante de la désorganisation et du découragement, on ne peut détacher sa pensée de ces jours néfastes qui renversaient, une à une, toutes les illusions qu'on avait pu conserver.

Le lendemain, un nouveau convoi de quarante-huit hommes s'arrêtait en gare; le train du surlendemain en débarquait soixante-et-un; cent vingt-huit en trois jours!

Le mois de novembre est compris pour huit cent cinquante-six dans cette triste statistique, et aujourd'hui que les chiffres importent peu, puisque les événements sont accomplis, concluons en disant que seize mille quatre cent soixante-dix-huit malades ou blessés ont été, jusqu'au 31 mai 1871, admis dans les hôpitaux de Nantes ou dans les Ambulances créées par le Comité.

Ce chiffre ne représente pas, à beaucoup près, celui des

hommes recueillis à la gare. On se ferait, en effet, une fausse idée de la tâche qui incombait au Comité, si l'on pensait qu'à heure fixe, il n'avait qu'à recevoir un nombre de malades annoncés à l'avance, et à les répartir dans tels locaux dont il disposait. Il semblait, au contraire, par une étrange fatalité, que l'imprévu dût faire forcément partie de son œuvre, et que la prévoyance d'un désordre sans exemple dût s'ajouter à tous les embarras de la situation. Nantes n'était pas, en effet, le port de salut où chacun de nos malheureux soldats pût aborder sans encombre. Ce n'était souvent qu'une localité de passage où les meilleures intentions, trop souvent paralysées par des nécessités imprévues ou des ordres contradictoires, dirigeaient ces infortunés pour les évacuer ensuite sur des centres plus éloignés. C'est ainsi que, par la voie d'Angers, arrivèrent d'abord ceux qui étaient destinés à la Bretagne et à la Vendée, puis de deux côtés à la fois, d'Angers et de Rennes, les convois convergèrent, puis enfin, quand la ligne fut coupée entre Sablé et Moranne, les envois ne se firent plus que de la Bretagne sur Nantes, et de là, par une sorte de reflux, ils durent plusieurs fois remonter jusqu'à la Possonnière pour se diriger sur le Midi.

C'est dans ces conditions que plus de sept mille hommes, qu'en temps ordinaire on pourrait appeler des militaires de passage, traversèrent Nantes, et ce ne fut pas, pour le Comité, un mince surcroît de dépense, puisqu'il avait été décidé qu'ils seraient ravitaillés comme ceux qui y restaient, puisqu'il n'y avait point à établir de distinction entre des misères de semblable nature. Nourris, réchauffés, puis enveloppés dans des couvertures et couchés sur de la paille dans les salles d'attente chaudement disposées, ils y demeuraient jusqu'à l'heure du départ du train qui les devait conduire à leur destination définitive, sous la surveillance des membres du Comité, aidés par des infirmiers séminaristes et d'honorables citoyens qui se joignaient spontanément à eux.

Des rapports médicaux diront, bien mieux qu'on ne pourrait l'exprimer ici, l'état des arrivants. On paraîtrait céder à de douloureux souvenirs en rappelant l'affreux dénûment des uns, le profond découragement des autres.

Il est bon de rappeler toutefois que le soin d'assurer le service de santé, à la gare, ne fut pas l'un des moindres auxquels le Comité eut à pourvoir. Dans le principe, la chose sembla facile, tant était grand le dévouement du corps médical, dont bon nombre de membres étaient constamment présents à l'arrivée des trains. Mais quand ils se succédèrent rapides, non annoncés, quand l'établissement des Ambulances locales eut assigné une fonction obligatoire au zèle de chaque médecin, l'embarras s'accrut et ne fit qu'augmenter par le départ de tous les internes et externes des hôpitaux engagés dans l'armée comme majors ou aide-majors, et ce fut à grand'peine qu'on obtint qu'un étudiant en médecine fût attaché d'une manière permanente à l'Ambulance. La tâche fut rude, et il ne put toujours y suffire. La maladie s'empara de lui, tout comme elle s'emparait des séminaristes que l'autorité diocésaine avait attachés à l'Ambulance en qualité d'infirmiers.

Rendre à chacun d'eux, au nom des malades qu'ils ont soignés avec tant d'abnégation, l'hommage qui leur est dû est une obligation à laquelle le Comité ne songe pas à se soustraire, car il ne saurait oublier qu'il a constamment rencontré à côté de lui des dévouements qui allégeaient sa tâche en même temps qu'ils fortifiaient son zèle.

Des hommes de toutes conditions, des femmes du meilleur monde ont brigué l'honneur de panser les blessés à leur arrivée, de leur distribuer les aliments que le Comité a, pendant sept mois, donnés à tous, et ce mouvement spontané, dû à la plus généreuse initiative, n'a pas été une médiocre consolation apportée à tant de misères.

Et pourquoi ne pas l'avouer, l'autorité militaire ne tarda pas à reconnaître qu'elle avait dans ce zèle un auxiliaire précieux, et tout en le réglementant au point de vue du contrôle et de la surveillance, elle fut la première à donner les mains à toutes les mesures qui pouvaient faciliter sa rude tâche et à établir, avec le Comité, un accord qui ne pouvait qu'être profitable à nos malheureux malades. A l'arrivée de chaque convoi, dans les premiers temps, ceux qui le composaient étaient dirigés sur l'Hôtel-Dieu, où s'opérait le triage, et répartis, selon la nature de leurs affections, dans les différents services de cet établissement. Mais, à moins d'impossibilité de transport ou à raison de la spécialité contagieuse de leur mal, ils n'y séjournaient que peu de temps, tant était grand l'empressement des particuliers à les recueillir chez eux et à alléger ainsi les charges de la charité officielle.

Plus tard, et au fur et à mesure que s'organisèrent de véritables Ambulances, la convention passée entre la Société de secours aux blessés et M. le ministre de la guerre vint rendre plus facile l'extension que devait prendre l'œuvre du Comité de Nantes.

Cette convention, qui lui faisait allouer 1 fr. par journée de traitement, permit de prier M. le préfet de demander aux maires des communes du département de fonder une Ambulance de dix à vingt lits dans chaque commune, leur promettant que l'allocation du prix de journée de 1 fr. leur serait comptée intégralement.

Toutes les communes en situation de répondre à cet appel le firent immédiatement, et le Comité trouva la ressource considérable de quatre-vingt-neuf Ambulances, contenant ensemble environ mille cinq cents lits.

La création des Ambulances dans les communes du département présentait des avantages précieux ; d'abord au point de vue de l'hygiène, puisque, par la division, il permettait d'éviter l'encombrement, et ensuite au point de vue des ressources médicales, car les médecins de canton, qui n'auraient pu venir se fixer à Nantes pendant la guerre, ont rendu dans leurs localités des services considérables.

D'un autre côté, il y avait avantage quant à la dépense, les habitants se faisant un honneur et un devoir de venir en aide aux militaires blessés ou malades, les uns par leurs soins, les autres par des dons en nature qui ne pouvaient être utilisés que sur les lieux.

La création d'Ambulances rurales fut, dès le principe, un des soucis du Comité, souci qui avait sa source dans le désir de réserver, à Nantes, tous les locaux dont on pourrait disposer pour les cas, chaque jour annoncés, d'évacuations importantes.

L'organisation de l'Ambulance de la Ducherais est une de celles dont le Comité pourrait s'enorgueillir, s'il n'avait à compter avec ceux-là même auxquels il en confia la direction. D'accord avec lui, Mgr l'évêque de Nantes n'hésita pas à mettre le Séminaire de la Ducherais à la disposition des blessés. Il désigna pour la diriger M. l'abbé Gahier, missionnaire de l'Immaculée Conception, auquel il adjoignit M. l'abbé Gaignard; des séminaristes remplissaient les fonctions d'infirmiers; des sœurs de la communauté de Saint-Gildas prodiguaient leurs soins aux hôtes de l'Ambulance en même temps qu'elles dégarnissaient leur propre maison des lits, au nombre de près de deux cents, destinés à l'ameublement d'un local où tout manquait.

Le Comité pourvut à toutes les dépenses d'installation, et ce ne fut pas une médiocre besogne d'organisation dans un centre isolé, sans communications faciles. L'allocation attribuée par l'autorité militaire ne devait couvrir qu'imparfaitement les frais nécessités par la mise en état du local, les dépenses du personnel médical et administratif et les frais de séjour de ceux qui y devaient résider. Aujourd'hui, tous les comptes sont liquidés, et il ne faut songer qu'au résultat obtenu, sans garder mémoire des embarras momentanés qu'il a produits.

Dans les premiers temps de son occupation, l'Ambulance de la Ducherais ne compta pas moins de cent quarante malades, et c'est ici qu'a sa place le douloureux souvenir qui s'attache à cette période néfaste. Dyssentériques et varioleux se succédaient, et douze en moins de trente jours payèrent leur tribut à la mort. Les soins les plus multipliés ne purent rien contre ces horribles fléaux, et à ces victimes vinrent bientôt s'ajouter celles dont le dévouement le plus constant ne put triompher de la contagion. Un infirmier succomba le premier; le pharmacien de l'Ambulance, M. Fradet, fut mis dans un état voisin de la mort, et bientôt les religieuses de Saint-Gildas, qui avaient abandonné l'éducation des enfants pour se vouer à nos malades, perdirent successivement leur supérieure, sœur Saint-Théotime, puis une autre, sœur Saint-Marcellin, et enfin la sœur Stanislas de Jésus, assistante de la supérieure générale, qui était venue momentanément tenir la place de la sœur Saint-Théotime.

C'est la seule fois, peut-être, que sont cités officiellement les noms de ces saintes femmes, obscurément vouées au culte de la charité chrétienne. Elles n'auraient jamais, de leur vivant, recherché une notoriété qui s'attache à elles mortes, mais elles appartiennent à la reconnaissance publique, et c'est à elle que le Comité les signale.

Non loin de la Ducherais, à Pont-Château, une autre Ambulance fut formée dès le 28 novembre, fonctionna jusqu'au 11 avril, et plus de trois cents soldats y furent traités. A l'École régionale d'Agriculture de Grand-Jouan, près de Nozay, vingt-cinq lits avaient été mis par le directeur, M. Rieffel, à la disposition du Comité, et n'ont cessé d'être occupés; partout, dans toutes les communes, l'appel adressé par les maires à leurs administrés a été entendu, et si nous parlons de préférence des Ambulances rurales, c'est qu'il y a lieu de tenir compte, au point de vue des difficultés d'organisation qu'elles présentaient, de l'éloignement, des frais matériels d'installation, des dépenses coûteuses de transports, des soins médicaux à assurer.

Dire qu'à Nantes, les Ambulances avaient été organisées sur tous les points de la ville, c'est répéter ce qui a été dit des efforts multipliés de la bienfaisance. Dans un seul arrondissement, le deuxième, on n'en comptait pas moins de vingt, renfermant sept cent trente-quatre lits où furent soignés deux mille trente-sept malades, et à la direction desquelles concoururent les communautés religieuses aussi bien que les associations particulières.

Si l'on s'est imposé, dans ce compte-rendu, l'obligation, dont chacun comprendra la portée, de ne rien édicter qui ait l'apparence d'un éloge à l'égard du Comité lui-même, il est bien permis de mentionner, sans les mettre au compte de personne, le courage et la persévérance qui ont créé les Ambulances de la Colinière, du Croissant et de l'Eraudière, qui ont rendu d'immenses services.

Il s'agissait avant tout de dégager, autant que possible, l'Hôtel-Dieu. A un moment, l'agglomération des malades y avait été telle, qu'on redoutait les plus effroyables conséquences, et ce, jusqu'au jour où le petit Séminaire, réquisitionné à cet effet, fut érigé, en quelque sorte, en succursale de cet établissement. La création des Ambulances spéciales que l'on a nommées eut l'avantage de produire un dégagement inappréciable, puisqu'il avait été convenu, pour des motifs faciles à concevoir, que toutes les maisons des particuliers aussi bien que les petites Ambulances seraient fermées aux individus atteints de maladies contagieuses.

Or, les Ambulances de la Colinière et du Croissant furent spécialement affectées aux varioleux; cent trente lits leur furent consacrés, trois cent quatre-vingt-deux militaires y furent soignés, et le résultat de cette création fut une décroissance sensible, de décembre 1870 à mars 1871, de la contagion dans l'hôpital.

En parlant d'une manière spéciale du deuxième canton, on n'a en vue que la mention de ces Ambulances qui, par leur organisation déterminée, en dehors des règles appliquées à toutes les autres où les maladies contagieuses, autant que possible, n'étaient point admises, et non pas sa louange au préjudice des cinq autres et des Ambulances suburbaines. Ne rencontrait-on pas partout le même zèle, le même dévouement, le même amour de l'humanité s'attachant à tous et ne s'épargnant pas lui-même, puisqu'il suffit, pour s'en convaincre, de consulter les tableaux annexés à ce rapport, et qui renferment d'une manière précise la statistique des labeurs du corps médical, se prodiguant, comme toujours, malgré la rude saison, malgré la clientèle qui, elle aussi, par un surcroît de douleurs physiques et morales, payait plus que jamais son tribut à la maladie.

A côté des médecins, des prêtres, des séminaristes, des sœurs de charité, des femmes du monde, tout un cortége d'auxiliaires zélés, infatigables, au milieu desquels certains noms ne se prononçaient qu'avec un sentiment de respect, offrait chaque jour le spectacle du courage et de l'abnégation pratiqués sans souci du danger, sans crainte des terribles représailles que la maladie pouvait exercer sur ceux-là même qui se prodiguaient avec le plus de dévouement, et s'il fallait un exemple entre cent, il suffirait de citer la digne supérieure de l'Hôtel-Dieu, constamment sur la brèche pendant des mois, sans trêve ni repos, non plus que les sœurs placées sous sa direction.

C'est un souvenir touchant et doux parmi les tristes souvenirs de cette époque funeste.

Et puis, quand le dévouement actif avait un peu de répit, ne fallait-il pas songer aux innombrables détails matériels qu'entraînaient les soins à donner chaque jour à des milliers de malades? Qui n'a vu fonctionner les ateliers établis à la Préfecture sous l'impulsion des dames du Comité, travaillant sans cesse, occupées sans repos à mettre en état ces quantités d'objets de toute nature qui arrivaient par ballots énormes, et dans lesquels, bien souvent, la forme primitive n'existait guère ou qu'il fallait transformer afin d'en pouvoir faire un usage quelconque. Qu'on y joigne l'ordre et la régularité indispensables pour éviter tous gaspillages dans la distribution, et on n'aura qu'une idée affaiblie de ce que peut, à un moment donné, le patriotisme qui montre ce qu'il y a de meilleur dans l'espèce humaine : le dévouement.

C'est lui qui a été le meilleur auxiliaire de la charité, alors que, pour la première fois, elle a dû se manifester dans notre département, sous l'action imprévue des plus effroyables calamités.

Soutenus par tous, les membres du Comité ont puisé dans ce soutien des forces nouvelles, et ils savent bien, encore aujourd'hui, que leur tâche n'est pas finie. Ils savent que, même dans les temps réguliers, il y a des malheurs publics auxquels il faut porter remède. L'expérience a démontré combien, en ces sortes de cas, l'imprévu offrait de difficultés d'organisation, d'entente, d'homogénéité dans l'action. Voilà pourquoi, d'accord en cela avec le Comité central de Paris, les membres du Comité de Nantes se sont constitués en Comité permanent. Si la guerre est terminée, elle a amené dans notre ville, dans nos campagnes, des misères à soulager, des orphelins à élever, des familles à protéger contre les besoins les plus pressants.

Déjà, car on ne saurait songer à fermer l'oreille à des cris de détresse quand ils partent de cœurs français, les incendiés de la Guadeloupe ont reçu d'importants envois de vêtements, de drap, d'effets d'habillement. Les œuvres patronnées par Mme Thiers, Mme Dufaure et d'autres dames n'ont pas été oubliées, et autour de nous, chaque homme déclaré inhabile au travail par suite de blessures a été gratifié d'un secours qui n'a pas tardé à former un total de 7,000 fr.

Tout récemment, dans sa séance du 22 novembre, le Comité a décidé qu'il mettait 10,000 fr. à la disposition du Conseil général pour être répartis entre les quarante-cinq cantons du département en faveur des familles qui ont perdu leurs soutiens pendant la campagne; il a voté 3,000 fr. pour les orphelins de la guerre étrangers à Nantes, le Comité spécial de secours aux familles des gardes mobiles, soldats et marins portés pour répondre à l'appel, se chargeant de la dépense qui doit concerner ceux de la ville, et enfin, il a voté aussi un trousseau complet pour chacun des soixante inscrits, tant dans le chef-lieu du département que dans les communes.

Les fonds dont il dispose après ces distributions seront placés à intérêt ou convertis en rentes sur l'État pour être, à un moment donné et à l'aide de ressources nouvelles, affectés à telle bonne œuvre qu'il conviendra d'entreprendre.

Et à ceux qui s'étonneraient du caractère de permanence pris par une réunion d'hommes dont la tâche semble achevée, il sera facile de répondre que ce serait à eux une grande faute de ne plus s'intéresser à une œuvre dont l'action, qui paraît aujourd'hui moins immédiate, pourra bien encore devenir réelle. C'est pendant la paix qu'il faut se préparer aux exigences de la guerre, et si le « *para bellum* » des anciens avait eu son application, on n'eût pas manqué de retirer de sérieux bienfaits d'une entente réglementée à l'avance, et on eût évité cette déperdition de forces dans l'accomplissement de l'œuvre d'assistance à laquelle parfois trop d'autorités différentes coopéraient.

La permanence du Comité offre donc le réel avantage que présente une association qui n'en sera plus à ses débuts, si elle est appelée à étendre au delà du lieu de ses réunions le centre de son activité et de son dévouement. Forte de l'expérience acquise, elle sera désormais prête au premier signal, — signal qui pourra bien être donné un jour, si l'on se confie à de patriotiques espérances.

AMBULANCE DE LA GARE DE NANTES

PERSONNEL

Médecin en chef : le docteur VIAUD-GRAND-MARAIS.
Chirurgien aide-major : NAU Jules.

Chaque Lundi, MM. les membres du Comité pour le 1er arrondissement.
— Mardi, — — 2e —
— Mercredi, — — 3e —
— Jeudi, — — 4e —
— Vendredi, — — 5e —
— Samedi, — — 6e —
— Dimanche, M. H. GILÉE, Vice-Président, et un Délégué de la Société.

Soins assidus donnés à titre particulier à l'arrivée des blessés.

Mme DE LA BARRE, Directrice de la Lingerie.
Mlle LA ROCHEBILLOU.
Mme VIAUD-GRAND-MARAIS.

MM. DE SALLIER-DUPIN.
PICHERY André.
SELIGMANN-LUI.
PERRAUD Auguste.
MOUILLIÉRAS.
OUVRARD.
TH. DE CORNULIER LUCINIÈRE.

MM. les abbés MARTEL, GAY, } aumôniers.
LEBRUN, POUVREAU, LE BOUSTOULER, DUGAST Jacques, BOUÉ, } infirmiers ecclésiastiques.

Militaires blessés ou malades reçus à la gare de Nantes.......		23.700
Dirigés sur d'autres villes, après avoir été ravitaillés..	7.222	
Reçus dans les hospices et Ambulances du Comité....	16.478	
	23.700	

M. ARNAUD (Lionel), Commissaire Principal. — Adjoint
Mme MARTENOT DE CORDOU

AMBULANCES.	DIRECTEURS.	MÉDECINS.	INFIRMIERS.	DURÉE de L'AMBULANCE.
Petites Sœurs des Pauvres.	Mme la Supérieure de l'Établissement.	Drs Barthélemy et Anizon.	La Supérieure et 4 Sœurs de la Communauté.	2 nov. 1870 6 oct. 1871
Mars et les Arts.	M. et Mme Briand.	Dr Teillais.	2 militaires convalescents et la femme Lefort.	5 déc. 1870 16 avril 187
La Charité.	M. Martin André.	Drs Padiolleau et Berruyer.	Mme Ve Peruchon et Mme Brossaud, 2 militaires convalescents.	1er janvier 20 mars 187
Saint-Similien.	Sœur Soulé, Supérieure.	Dr Anizon.	Sœur Marthe Meilhac, 2 militaires convalescents.	4 mois ½
Pensionnat Saint-Joseph.	Frère Idelphus.	Dr Anizon.	Les Frères de l'Établissement.	2 nov. 187 26 janv. 187
La Carterie.	M. l'abbé Hubert, Chanoine.	Drs Viaud-Grand-Marais, Merlan et Letenneur.	MM. les abbés Soulas et Bara, Sœurs Émilienne et Taddée, de l'Hôtel-Dieu.	28 nov. 187 13 mars 187
Rue Menou.	M. Vallet père.	Dr Boucher de la Ville-Jossy.	Lecallock.	16 février 31 mars 187
L'Hermiés.	M. L'Hermiés.	Drs Merland et Saillard.	M. Francis Dupas, Jean Fresneau.	3 mois.
Gaillard-Briand.	M. Roussel.	Dr L'Heureux.	M. Guiot.	16 déc. 187 19 fév. 187
Lelasseur.	Mme Lelasseur.	Dr Mahot.	Personnel du château.	

M. DE LA TOUR DU PIN, Ch. DU COUËDIC, ARMANSIN.

ce-Présidente.

MBRE de ITS.	NOMBRE de MILITAIRES soignés dans l'Ambul.	DÉCÈS	NATURE de LA MALADIE.	SOINS donnés PAR DES PARTICULIERS.	OBSERVATIONS.
30	130	12	Pneumonie, pleuro-pneumonie, broncho-pneumonie, 2 bronchites aiguës, péritonite, typhus, 3 dyssenteries, 2 blessures à la tête par armes à feu.	»	»
12	58	»	»	»	»
25	96	3	Dyssenterie, abcès.	»	»
14	48	1	Fièvre scarlatine.	Les Sœurs de la Communauté.	»
40	40	»	»	Mme Menard, Mlle Priest.	»
30	101	4	Angine, fièvre, typhus, typhoïde.	Mes Sauret, Viaud-Grand-Marais, de la Courbe-Jollière.	Ravitaillée par l'Hôtel-Dieu.
10	8	2	Bronchite, typhoïde.	M. Poirier François, femme Babin.	»
22	53	2	Phthisie galopante.	Mmes L'Hermiés, Lemaitre, Sœur Germaine, de l'ordre de Saint-Vincent-de-Paul.	»
10	10	»	»	Mme et Mlle Poupart.	»
6	6	»	»	»	»

M. DE SALLIER-DUPIN, Commissaire Principal. — Adjoints : M
Mme DE MARTIMPRE

AMBULANCES.	DIRECTEURS.	MÉDECINS.	INFIRMIERS.	DURÉE de L'AMBULANCE
Croissant.	M. De Sallier-Dupin, M. Bariller, Aumônier.	Drs de la Tribouille et Barthelemy.	Service hospitalier, Sœurs Marie-Agnès, Anaïs de la Croix, Sainte-Sperande, des Filles de la Sagesse.	16 déc. 187 16 mars 187
Colinière.	M. De Sallier-Dupin, M. le Curé de Doulon, Aumônier.	Dr Cochard, M. Gallerand, élève en Médecine.	Service hospitalier, Sœurs Saint-Juvénal, Marie-Désirée, des Filles de la Sagesse, Boscher Joseph, infirmier auxil.	23 déc. 187 13 mars 187
Éraudière.	M. De Sallier-Dupin, M. l'abbé Picaud, Aumônier.	Dr Vignard.	Service hospitalier, Sœurs Sainte-Hunégonde, Marie de Saint-Michel, Isabelle de la Croix, des Filles de la Sagesse.	23 déc. 187 13 mars 187
Place Saint-Pierre.	Mme la bne Marion de Beaulieu et M. Viaud-Grand-Marais.	Drs Viaud-Grand-Marais et Dubois de la Patellière	Sœur Louise, de Saint-Vincent-de-Paul, Mmes Viaud-Grand-Marais et Leger-Martin; M. Heuzel, MM. les abbés Josnin, Cordé et Pied.	13 déc. 187 1er juillet 18
Pichery.	M. Pichery André, M. Seligmann-Lui.	Dr Pichery.	Sœur Vincent, de Saint-Vincent-de-Paul, militaires.	26 déc. 187 4 avril 187
La Billiais.	M. Pichery André, M. Seligmann-Lui.	Dr Pichery.	Dames protectrices de l'Ambulance, Sœur de Saint-Vincent-de-Paul, Berger, infirmier auxil.	21 janvier 31 mai 187
Saint-Joseph.	M. Baudoux, M. l'abbé Rousseau, Aumônier.	Alternant par mois : Drs Herbelin, Vignard, Lehoux et Lequerré.	Sœurs de la Présentation de la Sainte-Vierge, attachées à l'Hospice Saint-Joseph.	2 nov. 187 15 mars 18
Ursulines.	La Maison.	Dr Trastour.	Sœurs tourières.	10 déc. 18 16 mars 18
Visitation.	Sœurs de l'Établissement.	Dr Trastour.	Deux Sœurs novices.	5 déc. 187 29 avril 18
Sacré-Cœur.	Mme Levêque, religieuse, M. l'abbé Feidel, Aumônier.	Dr Patoureau, M. Cormier, élève en Médecine.	Sœurs de l'Établissement.	31 oct. 187 1er avril 18

RGELINE, PICHERY André, SELIGMANN-LUI, GARNIER-DELAUNAY, VIDIE.

e-Présidente.

BRE e rs.	NOMBRE de MILITAIRES soignés dans l'Ambul.	DÉCÈS	NATURE de LA MALADIE.	SOINS donnés PAR DES PARTICULIERS.	OBSERVATIONS.
60	169	11	Variole et ses suites.	»	Ravitaillée par l'Hôtel-Dieu.
30	213	18	Variole et ses suites.	»	Ravitaillée par l'Hôtel-Dieu.
07	223	3	Pneumonie, blessure à la cuisse, mort subite.	Les Dames du marché Saint-Nicolas.	Ravitaillée par l'Hôtel-Dieu.
60	97	6	3 broncho-pneumonies, gangrène de toute la peau du dos, abcès du foie ouvert dans la plèvre, plaie de balle dans l'abdomen.	Famille Ouvrard, Mmes A. Dubois, de La Barre, de Saint-Céran, René de Cornulier-Lucinière, Sœur Marie-Madeleine de La Haye-Maas, baron Marion de Beaulieu, baron des Dorides.	»
16	63	»	»	Mmes Pichery, Seligmann-Lui, Mlle Claire Pichery.	»
10	124	4	Pneumonies.	Mmes du Chatelier, Genevois, de Bosseret.	»
18	76	4	3 typhoïdes, pleurésie.	»	Frais à la charge de la Maison.
4	12	1	Pneumonie.	»	Frais à la charge de la Maison.
9	33	2	»	»	Frais à la charge de la Maison.
25	163	12	Typhus et typhoïde, épuisement général, 1 meningitte.	»	Frais à la charge de la Maison.

AMBULANCES.	DIRECTEURS.	MÉDECINS.	INFIRMIERS.	DURÉE de L'AMBULANC
Carmélites.	Supérieure de l'Établissement.	Le Médecin de l'Établissement.	Sœurs converses de la Communauté.	6 mars 9 avril 187
Toutes-Aides.	Frère FERDINAND, Directeur de l'Établissement.	Dr PICHERY.	Service hospitalier, par les Frères de Lamennais.	»
Immaculée-Conception.	M. l'abbé BOURROUET, Économe.	Dr LEQUERRÉ.	Sœur SAINT-CHARLES, des Dames de l'Espérance.	23 déc. 18 28 fév. 18
Massion-Rozier.	M. MASSION-ROZIER.	Dr KIRCHEBERG.	Deux employés de la Maison.	26 déc. 1 15 mars 1
Dames de la Retraite	La Supérieure.	Drs TRASTOUR et F. JOUON.	Religieuses de la Maison.	16 déc. 1 4 mai 187
Place du Moustier.	M. PICHERY André, M. ALLEGRET.	Dr MAISONNEUVE.	Mlles MAISONNEUVE, une Sœur de Saint-Vincent-de-Paul.	25 janv. 10 avril 18
Grand-Séminaire.	M. l'abbé MARTEL, Économe.	Dr LEQUERRÉ.	MM. les abbés ARNAÏZ, AVRIL, GAUFFRIAU.	20 nov. 1 20 janv. 1
Petit-Séminaire.	M. l'abbé BOUEDRON, Supérieur.	Dr LEQUERRÉ.	Religieuses de Ste-Marthe.	9 nov. 1 22 janv. 1
Petit-Séminaire (après réquisition).	M. l'abbé BOUEDRON, Supérieur, M. l'abbé TEULÉ.	Drs LAPEYRE et CHARTIER, civils; THOINNET, BARTHELEMY, BONNET et BOURDET, militaires.	Sœurs MARIE-LOUISE DU SACRÉ-CŒUR, MARIE-SIMPLICE, MARIE-HONORINE, SAINT-MAXIMUS, ANGELIE, des Filles de la Sagesse.	24 janv 27 mars 1
Divers.	Divers.	»	»	»

[illegible]	NOMBRE de MILITAIRES soignés dans l'Ambul.	DÉCÈS	NATURE de LA MALADIE.	SOINS donnés PAR DES PARTICULIERS.	OBSERVATIONS.
	12	»	»	»	Frais à la charge de la Maison.
	21	»	»	»	115 hommes logés dans la Maison, par suite de réquisition.
	25	»	»	Mme Roux, Mlle La Rochebillou.	Frais à la charge de la Maison.
	43	1	Pneumonie.	»	Frais à la charge de la Maison.
	17	»	»	»	Frais à la charge de la Maison.
	78	4	»	Mme Guérin, M. l'abbé Pied.	»
	79	1	»	»	»
	128	1	Pneumonie.	»	»
	394	48	Typhoïdes et typhus.	MM. les abbés Guilbeaudeau et Gaborit, Aumôniers.	Ravitaillée par l'Hôtel-Dieu.
	67	»	»	»	A la charge des particuliers.

TROISIÈM

M. PERRAUD, Commissaire Princi

Mme MASSER

AMBULANCES.	DIRECTEURS.	MÉDECINS.	INFIRMIERS.	DURÉE de L'AMBULANC
Singaraud.	M. CHARMANTIER.	Dr ROUXEAU.	Sœur GABRIEL, de Saint-Vincent-de-Paul, M. J.-B. HEUZEL.	17 déc. 187 14 mars 18
Paix et Union.	M. OLLIVIER de CLOSMADEUC.	Dr PLICHON.	M. COMPAN, concierge de la Loge.	6 déc. 187 29 mai 18
Saint-Léonard.	M. DENIS, Officier de Paix.	Dr DELUEN.	Mme DENIS, Sœur FRANÇOISE.	10 déc. 18 1er août 18
Affilé.	Mme Affilé.	Dr LABORDE.	Mme AFFILÉ.	4 mois.
Dubois.	M. Dubois.	Dr SAILLARD.	M. et Mme DUBOIS.	2 mois.

Adjoint : M. LEGLAS-MAURICE.

e-Présidente.

BRE e rs.	NOMBRE de MILITAIRES soignés dans l'Ambul.	DÉCÈS	NATURE de LA MALADIE.	SOINS donnés PAR DES PARTICULIERS.	OBSERVATIONS.
2	35	1	Plaie de balle à la cuisse.	Mme CHARMANTIER et Mlle SINGARAUD.	»
0	14	»	»	»	»
5	120	»	»	MM. BESNIER et AUDIGAN, pharmaciens, M. JOYEAU Jean, Mlle Louise GRENIER.	»
6	13	»	»	»	»
6	11	»	»	»	»

M. GAYOT, Commissaire Principal. — Adjoints

Mme BLANCHET

AMBULANCES.	DIRECTEURS.	MÉDECINS.	INFIRMIERS.	DURÉE de L'AMBULANCE.
Persagotière.	Frère Louis, Directeur de l'Établissement des Sourds-Muets.	Drs Drouet et Ribard	Frères Louis-Marie, Lubin, de l'ordre de St-Gabriel, Sœur Léonide, des Filles de la Sagesse.	23 nov. 1870 24 mars 1871
Raffinerie.	M. Émile Étienne.	Dr Citerne.	M. Fr. Gantier.	10 nov. 1870 22 mars 1871.
Madeleine.	Mme la Supérieure des Sœurs de la Madeleine.	Dr Bernaudeaux.	Frère Doctrovinus, 2 militaires, Sœurs Marie de Nazareth, Louise, des Filles de la Sagesse.	5 nov. 1870 25 mars 1871
Ile Feydeau.	M. Fic Caillard, Mme Gautté.	Drs Couanne et Bureau.	Mlle Siquand Héloïse, Mercier Julien.	1er janvier 19 avril 1871.
Labruyère.	Mme Labruyère.	Dr Viaud-Grand-Marais, M. Gafé, interne.	Mme Labruyère.	5 déc. 1870 22 février 1871
Goupillat.	Mme Goupillat.	Gafé, interne.	Mme Goupillat.	2 mois 1/2.
La Balinière.	Mme Leglas-Maurice.	Dr Gallicier.	Sœur Antide, de l'Hôtel-Dieu, Mme Leduc.	4 mois.
Pont-Rousseau	Mme Huart.	Dr Gallicier.	»	2 mois.

M. MESTAYER, DURAND, QUEMET.

ce-Présidente.

MBRE de ITS.	NOMBRE de MILITAIRES soignés dans l'Ambul.	DÉCÈS	NATURE de LA MALADIE.	SOINS donnés PAR DES PARTICULIERS.	OBSERVATIONS.
20	88	6	2 dyssenteries, phthisie pulmonaire, pneumonie généralisée, péritonite, 1 typhoïde.	M. Quemet, M. et Mme Leduc.	Ravitaillée par l'Hôtel-Dieu.
12	37	2	Pneumonies.	»	Frais à la charge de la Maison.
30	214	3	2 pneumonies, 1 typhoïde.	Mme Boutin.	Ravitaillée par l'Hôtel-Dieu.
20	97	2	Typhoïdes.	Mmes Danet et Lafontaine, Sœur Louis-Marie, des Filles de la Sagesse, M. Favreul.	»
6	23	»	»	»	Frais à la charge de la Maison.
»	9	»	»	»	Frais à la charge de la Maison.
22	80	»	»	»	Ravitaillée par l'Hôtel-Dieu.
10	30	1	Typhoïde.	»	»

CINQUIÈME

M. LOROIS, Commissaire Principal. — Adjoints
Mme WALDECK-ROUSSEAU

AMBULANCES.	DIRECTEURS.	MÉDECINS.	INFIRMIERS.	DURÉE de L'AMBULANCE.
Prisons.	M. Nivelle, directeur des prisons.	Drs Barré Théod. et Barré Émile.	2 détenus.	4 mois et 28 jours.
Bertrand-Geslin.	Mme Bertrand-Geslin.	Dr Leroux.	Sœurs de Sainte-Marie, M. Auguste Lemoine, Marie Bier, bonne de Mme Bertrand-Geslin.	4 déc. 1870 31 mars 1871.
Mlle Heugel.	Mlle Heugel.	Drs Delamarre et Merland.	Dames auxiliatrices.	3 mois.
Rue du Calvaire.	M. Marchand.	Dr Blanchet.	Sœur Marie, de l'Établissement de M. l'abbé Laurent, Louis Lecareck.	4 mois ½.
Sport.	M. Caillé.	Dr Écorchard.	M. Durand, une Sœur de l'orphelinat de Saint-Pierre et un vieillard de Saint-Joseph, Mme veuve Boissellier.	2 janvier 27 février 1871.
Rue Dugommier.	M. le pasteur Vaurigaud.	Dr Citerne.	Une société de Dames, une société d'ouvrières, différents membres de l'Église.	5 déc. 1870 17 avril 1871.
Notre-Dame-de-Toutes-Joies.	M. l'abbé Peigné.	Dr Jouon.	Mariette Benoist, Jeanne Malet, Jeanne Chéron.	2 mois.
Dames de Chavagnes	Mme la Supérieure.	Dr Papin de la Clergerie.	Les Dames de la Communauté, Joseph Chotard, Jean-Baptiste Levêque.	4 mois.
Rue Mondésir.	Mme Lorois.	Dr Merland Constant-Joseph.	MM. les abbés Poupard et Mocquard, élèves du Grand-Séminaire.	20 janvier 25 mars 1871.
Enfants Nantais.	M. l'abbé Pergeline.	Dr Charruau.	Sœur Saint-Longin, de l'Établissement.	1 mois.

M. GOUPILLEAU, BOURCARD (Henri), VINCENT.

ice-Présidente.

)MBRE de .ITS.	NOMBRE de MILITAIRES soignés dans l'Ambul.	DÉCÈS	NATURE de LA MALADIE.	SOINS donnés PAR DES PARTICULIERS.	OBSERVATIONS.
70	90	3	2 plaies de balles, 1 phthisie pulmonaire.	Mlle Brelet Joséphine.	»
8	22	»	»	Mmes de Berthou, du Sel des Monts, Marion de Procé.	Frais à la charge de la Maison.
4	10	»	»	»	Frais à la charge de la Maison.
15	40	1	Fièvre typhoïde.	M. Janniot, M. Fillon.	»
20	20	4	Typhoïde et dyssenterie.	»	»
10	40	5	Fièvres typhoïdes, pneumonie et scarlatine.	M. Henri Bourcard, Mmes Vallin, Favre, Roux, Mlle Bellanger.	»
8	8	»	»	»	Frais à la charge de la Maison.
15	34	1	Pneumonie.	»	Frais à la charge de la Maison.
4	16	»	»	»	»
10	7	1	Variole.	»	Frais à la charge de la Maison.

AMBULANCES.	DIRECTEURS.	MÉDECINS.	INFIRMIERS.	DURÉE de L'AMBULANCE.
Beaux-Arts	MM. GELUSSEAU et TURPIN.	Drs GELUSSEAU et TURPIN.	M. Jean VANACK, Mme DENIEL.	6 janvier 12 avril 1871.
Dames de l'Espérance.	Mme la Supérieure, sœur SAINT-FRANÇOIS D'ASSISE.	Dr CHARTIER.	Sœurs SÉRAPHINE, HÉLÈNE, JOSÉPHINE, de l'Établissement, 2 blessés convalescents.	20 oct. 1870 16 juillet 1871.
Pères Missionnaires rue Dugommier.	Le Père Ed. MARQUET	Dr CHARRUAU.	Frère BERGER.	16 déc. 1870 18 mars 1871.
Passage Pommeraye.	M. HEMARDINQUER.	Dr LOZAC.	Sœur PHILOMÈNE, de Saint-Vincent-de-Paul.	2 janvier 15 fév. 1871.
Pharmaciens.	M. BREVET, président de la Société des Pharmaciens.	Dr LAPEYRE.	Les Dames des Pharmaciens	2 mois.
Rue Mercœur.	M. GICQUEL père.	Dr BAHIER.	Sœur RADÉGONDE, Supérieure; Sœurs JOSÉPHINE, HÉLÈNE, de l'ouvroir Saint-Joseph (Filles de la Sagesse), Mlle REDOIS, 2 militaires convalescents.	6 janvier 5 avril 1872.
Sageran.	Mme SAGERAN.	Dr LOZAC.	Personnel de la Maison.	4 mois.

MBRE de LITS.	NOMBRE de MILITAIRES soignés dans l'Ambul.	DÉCÈS	NATURE de LA MALADIE.	SOINS donnés PAR DES PARTICULIERS.	OBSERVATIONS.
15	22	»	»	»	Frais à la charge de la Maison.
33	123	9	4 dyssenteries, 2 typhoïdes, 1 variole, 1 abcès au bras, 1 croup.	»	»
8	24	1	Dyssenterie.	»	Frais à la charge de la Maison.
10	50	»	»	»	»
6	13	»	»	Mmes Boissier et Danais.	»
10	34	1	Anévrisme.	Mlles Élisa Gicquel, Adèle Cullerre, sœur Marie de Saint-Bazile, des Dames Réparatrices, M. Cathelineau.	»
6	8	1	»	»	Frais à la charge de la Maison.

M. BRISSONNEAU aîné, Commissaire Principal.
Mmes NEUMAYER et MARTINEAU

AMBULANCES.	DIRECTEURS.	MÉDECINS.	INFIRMIERS.	DURÉE de L'AMBULANCE.
La Sécherie.	M. Prosper Thébaud.	Dr Crimail.	Sœurs Marie-Sainte, Saint-Abraham, des Filles de la Sagesse, Jules Cézard.	5 déc. 1870 15 avril 1871.
Moulin-des-Poules.	M. Brissonneau aîné.	Dr Chartier.	Sœurs Gabriel, Fernand-Marie, des Filles de la Sagesse, Paul Chillard.	5 déc. 1870 1er avril 1871
Mont-St-Bernard.	M. Brissonneau aîné.	Dr Laennec.	Sœurs Saint-Jacques-du-Thabor, Saint-Paul, Secondien, des Filles de la Sagesse, François Danileau.	23 nov. 1870 14 avril 1871.
Livet.	M. Verger, M. Livet, Eugène.	Drs Bureau, Gilée et Turpin.	Sœurs de Sainte-Marie.	4 janvier 1er mai 1871.
Luzançay.	M. Brissonneau aîné.	Dr Mahot.	Sœurs Marie-Theudosie, Saint-Joseph-d'Arimathie, des Filles de la Sagesse.	12 déc. 1870 26 janv. 1871
Douanes.	M. Tenet, capitaine des Douanes.	Dr Gatterre Armand	Sœurs Saint-Corneille, Louis-Marie, des Filles de la Sagesse, Longepé Paul, Maréchal Armand, employés des Douanes, Lecallo Pierre, Jojo Jean.	1er janvier 2 mars 1871.
Rue des Coulées.	M. Charbel.	Drs Gelusseau et Turpin.	M. Therret Auguste.	1er déc. 1870 1er mars 1871
Grillaud.	M. l'abbé Laurent.	Dr Bertin Georges.	Sœurs Anne Menet, Jeanne Bouet.	16 déc. 1870 12 avril 1871
Chantenay.	Mme la Supérieure de l'École.	Dr Papin de la Clergerie.	Sœurs de l'École.	11 janvier 1er mai 1871

Adjoints : MM. THÉBAUD (Prosper), THIERRY, VERGER.

ice-Présidentes.

MBRE de ITS.	NOMBRE de MILITAIRES soignés dans l'Ambul.	DÉCÈS	NATURE de LA MALADIE.	SOINS donnés PAR DES PARTICULIERS.	OBSERVATIONS.
70	236	9	Typhoïde, pneumonies, congestion cérébrale.	Mmes NEUMAYER, AUBINAIS, CRIMAIL.	Ravitaillée par l'Hôtel-Dieu.
26	97	3	Typhoïde, pneumonies, congestion cérébrale.	Mme GILÉE, Mlle H. GILÉE.	Ravitaillée par l'Hôtel-Dieu.
50	222	5	Péritonite, affection du cœur, pleurésie, pneumonies.	»	Ravitaillée par l'Hôtel-Dieu.
18	58	1	Phthisie pulmonaire.	Mlle DELETANG.	»
22	32	»	»	Mme GILÉE, Mlle H. GILÉE.	Ravitaillée par l'Hôtel-Dieu.
85	245	17	Typhoïdes et pneumonies.	Mme TENET.	Ravitaillée par l'Hôtel-Dieu.
11	30	1	Pneumonie.	Mmes GARNISON, LECLERC, CHARBEL, LIBAUDIÈRE, M. l'abbé LEFRÈRE.	»
10	20	»	»	Mmes GOULLIN, DUTERTRE.	»
10	10	»	»	Sœur Saint-Paul.	»

AMBULANCES.	DIRECTEURS.	MÉDECINS.	INFIRMIERS.	DURÉE de L'AMBULANCE.
Saint-Sébastien.	M. CASSIN-MÉNARD, maire.	Dr GALLICIER.	Sœurs SAINT-CAMILLE, SAINTE-MARIE DE LA SAINTE-LANCE, EUPHROSINE, de la Communauté de Saint-Gildas.	1er janvier 4 avril 1871.
Haute-Goulaine.	M. AUDAP.	M. DIANOU, élève en Médecine.	Militaires convalescents.	1 mois.
Bouguenais.	M. l'abbé Théodore ROBERT.	Dr GALLICIER.	Mlles Rose AGUESSE, Lucie BERCEGEAY.	2 mois et 10 jours.
Bouaye.	M. ALESSANDRY, percepteur.	Dr C. HOMERY.	»	20 février 11 mars 1871.
Pallet.	M. BLANCHARD.	Dr LE HOLLOCO.	Baptiste EMERIAU, femme EMERIAU, Ve MAIDON.	75 jours.
Chapelle-Basse-Mer.	M. PILLET.	Dr GUIHAL.	»	22 déc. 1870 1er avril 1871.
Saint-Philbert-de-Grand-Lieu.	M. DE LIGER.	Drs DROUET et LIBOREAU.	Sœurs SAINT-VINCENT, SAINT-ANTOINE, SAINT-DONATIEN.	5 février 7 mars 1871.
Machecoul.	M. Henri AVRIL.	Dr H. MARTIN.	Les Sœurs de l'Hospice communal.	10 janvier 15 mars 1871.
Vallet.	M. GAUTRET Auguste.	Dr GAUTRET Auguste.	Mmes FOULONNEAU, Ve MARTEL, Mlles Delphine DUGAST, DUPUY.	22 nov. 1870 13 mars 1871.
Clisson.	M. BAUDRY, maire.	Drs MECHINAUD, BOUTIN, DELHOMMEAU.	MM. Emile BARON, Auguste MARGAT, Mlle Augustine BRUNELLIÈRE.	9 nov. 1870 23 mai 1871.

OMBRE de LITS.	NOMBRE de MILITAIRES soignés dans l'Ambul.	DÉCÈS	NATURE de LA MALADIE.	SOINS donnés PAR DES PARTICULIERS.	AMBULANCES offertes ET NON UTILISÉES.
20	37	1	Broncho-pneumonie.	MM. les abbés PICAUD, curé; MEYNIER, vicaire; Louis METRON, Fr. MÉNARD, Mmes FEBREAU, Ve LEROUX DU DOUET, Ve ARUEN, Mlles TOUPLAIN et Augustine OLIVE.	LITS. Saint-Même .... 5 Saint-Julien-de-Concelles .... 10 Treillères .... 5 Châteauthébaud.... 20 Saint-Léger .... 5 Saint-Aignan....... 10 Saint-Fiacre....... 6 Saint-Lumine-de-Coutais .... 12 Chapelle-Heulin.... 10 La Boissière....... 12 La Remaudière..... 6 Basse-Indre .... 20 Vieillevigne .... 20 Gétigné........... 20 161
20	20	»	»	M. l'abbé LOUVEL, vicaire; Mme AUDAP, Mlle DE LA CASINIÈRE.	
25	22	»	»	Mme DE SAINT-MARTIN, M. DE CODROSY.	
20	20	»	»	»	
20	23	4	2 varioles, 2 phthisies.	Sœur MARIE-MARCELLINE, Supérieure des Sœurs du Pallet.	
»	14	»	»	M. SECHER.	
15	17	»	»	»	
»	21	2	Pneumonies.	»	
22	32	2	Variole hémorrhagique, bronchite capillaire.	MM. le Curé, TERRIEN, MERLAUD, Mmes AUPINEL, LETELLIER.	
25	75	»	»	Sœur ALBERT.	

AMBULANCES.	DIRECTEURS.	MÉDECINS.	INFIRMIERS.	DURÉE de L'AMBULANCE.
Mauves.	M. Fleury, maire.	Dr Vendangeon.	Jean Guépin, Joseph Hilereau.	21 janvier 6 mars 1871.
Pont-Saint-Martin.	M. Rozier, maire. M. Padiou, adjoint.	Dr Deausse.	Sœurs de la Communauté.	3 mois.
Vertou.	M. de Fontanes.	»	»	2 mois 1/2.
Chapelle-sur-Erdre.	M. Dunan.	Dr Jaulin.	Sœurs de l'École, femmes Audusseau et Beauvais.	2 mois 1/2.
Loroux-Bottereau.	M. de Fonmartin.	Drs Attimon.	Les personnes de la commune.	4 mois.
Établissement d'Indret.	M. Corrard, directeur de l'Établissement, M. l'abbé Cormerais, aumônier.	Dr Duplessis.	Les Dames d'Indret.	3 mois.

OMBRE de LITS.	NOMBRE de MILITAIRES soignés dans l'Ambul.	DÉCÈS	NATURE de LA MALADIE.	SOINS donnés PAR DES PARTICULIERS.	AMBULANCES offertes ET NON UTILISÉES.
14	24	2	Variole, fièvre pernicieuse.	La Mère et les Sœurs de la Présentation.	
10	15	»	»	M. le Curé de la paroisse.	
20	19	»	»	»	
12	20	»	»	M. Bouin, instituteur.	
20	50	2	Pneumonie, typhoïde.	M. Minier, curé, et ses deux vicaires; MM. Renoul et Gautret.	
30	65	»	»	Mme Corrard, Ve Lebreton.	

AMBULANCES.	DIRECTEURS.	MÉDECINS.	INFIRMIERS.	DURÉE de L'AMBULANCE.
Varades.	M. Briau, président de la Commission municip.; M. Jules Gruais, ordonnat.	Drs Erault, Lebiez et Bigot.	Les habitants de la commune.	3 mois.
Cellier.	M. de Maupassant, maire.	Dr Gaffé.	Perier, Saupin.	28 jours.
Maumusson.	M. Lambourg, maire.	Dr Rousseau.	Mme Marie Plaina, religieuse de la Salle de Vihiers, Ve Brion.	65 jours.
Ligné.	M. l'abbé Bertrand, vicaire.	Dr Botte.	M. l'abbé Rabu.	6 janvier 17 fév. 1871.
Haute-Roche.	Sœur Sainte-Angèle, de l'ordre de Chavagne.	Dr Gabou.	1 Sœur converse, 2 militaires convalescents.	5 janvier 2 mars 1871.
Hospice d'Oudon.	Mme la Supérieure, Sœur Marie-Joséphine, des Filles de la Sagesse.	Dr Gabou.	Personnel de l'Hospice.	9 nov. 1870 18 mars 1871.
Omblepied.	M. Ch. de Fleuriot, maire d'Oudon.	Dr Gabou.	Personnel de la Maison.	»

MBRE de ITS.	NOMBRE de MILITAIRES soignés dans l'Ambul.	DÉCÈS	NATURE de LA MALADIE.	SOINS donnés PAR DES PARTICULIERS.	AMBULANCES offertes ET NON UTILISÉES.
56	55	5	Variole, dyssenterie, phthisie, 2 pneumonies.	»	LITS. Teillé .... 8 Anetz .... 10 Montrelais .... 15 Vritz 10 43
10	7	»	»	Mme la ctesse DE MAUPASSANT, Sœurs du Saint-Esprit, MM. SAUPIN, ATTIMON et ROBIN.	
8	8	1	Bronchite.	Mmes LIVENAIS, FAUCHER, CORNUAILLE, DUPONT, BODINEAU.	
16	20	1	Pneumonie.	M. RADU, maire; M. le Curé; MM. MOUCHET, ROBINET, LEROY, BAUDOUIN, TOUBLANC, DUPONEAU, DE CARHEIL, DELAY, Pierre RADU, HUPÉ, Mme LAYE.	
»	56	1	Pneumonie.	»	
22	42	5	1 variole, 2 typhoïdes, 2 pneumonies.	Sœur SAINT-JOSEPH, des Filles de la Sagesse.	
6	14	»	»	»	

AMBULANCES.	DIRECTEURS.	MÉDECINS.	INFIRMIERS.	DURÉE de L'AMBULANCE.
Hospice de Nort.	Administrateurs de l'Hospice.	Drs GALZIN, LEGROS et PERIGAUD.	M. l'abbé RETIÈRE, VIOLET.	3 mois.
École de Nort.	M. BOUDET, instituteur.	Dr VAUGIRAUD.	Mmes BOUDET mère, DUPAS, VAUGIRAUD, Mlle BUREAU.	2 janvier 13 avril 1871.
Héric.	M. DE CARCOUET.	Dr LOGEREAU.	Femme DURAND.	2 mois.
Vay.	M. HEUZÉ Eugène.	Dr GRENON.	René BOURDON, Louis HAMON, Ve GUITTON.	1 mois.
Grand-Jouan.	M. RIEFFEL, directeur de l'École.	Drs DECORSE, GRENON, GUYONNET.	M. BESNARD, répétiteur de l'École, M. LEFEUVRE, élève, 2 employés de la ferme-école.	24 janvier 25 mars 1871.

NOMBRE de LITS.	NOMBRE de MILITAIRES soignés dans l'Ambul.	DÉCÈS	NATURE de LA MALADIE.	SOINS donnés PAR DES PARTICULIERS.	AMBULANCES offertes ET NON UTILISÉES.
16	115	8	Variole, typhoïde, pleurésie et pneumonie.	MM. COINQUET, maire; GUIMARD, curé; l'abbé LECARRE, ADAM, BUREAU, FERRAT, METTERREAU.	LITS. Châteaubriant...... 36 Meilleraye......... 25 Grand-Auverné .... 20 Saint-Julien-de-Vouvantes.......... 10 Casson............ 12 Chapelle-Glain..... 8 Rougé............. 10 Abbaretz.......... 20 141
18	88	13	Variole, fièvre muqueuse et typhoïde.	»	
10	15	1	Variole.	»	
10	10	»	»	Mme RONGIER.	
25	62	8	4 typhoïdes, 3 varioles, 1 pneumonie.	»	

AMBULANCES.	DIRECTEURS.	MÉDECINS.	INFIRMIERS.	DURÉE de L'AMBULANCE
Paimbœuf.	Administrateurs de l'Hospice et les Sœurs.	Drs Chiché et Raguet	M. Rialleau Barthélemy.	9 nov. 1870 3 mai 1871.
Pellerin.	M. Moureau, Maire.	Dr Chiché Félix.	»	94 jours.
Montagne (près Indret).	M. Violin, Maire.	Dr Duplessis.	Mme Violin.	1er janvier 3 mars 1871.
Pornic.	M. Sanson Ernest.	Drs Stanislas Bocandé et Trochon.	Trois Sœurs de l'Hospice.	26 déc. 1870 18 fév. 1871.
Port-Saint-Père.	M. Richard, notaire.	Dr Patry.	Mlle Pauline Chartier, Ve Ferré, Ve Thomas.	24 janvier 8 avril 1871.

…OMBRE de LITS.	NOMBRE de MILITAIRES soignés dans l'Ambul.	DÉCÈS	NATURE de LA MALADIE.	SOINS donnés PAR DES PARTICULIERS.	AMBULANCES offertes ET NON UTILISÉES.
»	52	»	»	»	LITS. Frossay........... 20 Clion............. 6 Sainte-Pazanne..... 12 La Bernerie....... 5 43
35	75	2	Typhoïdes.	Sœur HUMBERT, de Charenton.	
10	11	»	»	»	
20	26	»	»	»	
14	43	»	»	Mme PATRY, MM. LERAY, curé, DAVID, GENDRON, CONSTANTIN, PERAUDET, PLESSALY.	

AMBULANCES.	DIRECTEURS.	MÉDECINS.	INFIRMIERS.	DURÉE de L'AMBULANCE.
Ville de Saint-Nazaire *.	M. BOURBEAU, président du Comité de Saint-Nazaire.	»	»	»
Caserne des Douanes.	M. FRION, inspecteur des Douanes.	Dr BENOIST.	»	»
Croisic.	M. AMELOT, président du Comité du Croisic.	Drs AMELOT et DE LABARRE.	RICHARD, LEDUC, HACHET.	6 mois.
Guérande (hôpital).	M. GUIBERT, ordonnateur.	Dr DE LATOUR.	CIVET, BEAUPLAT.	17 nov. 1870. 14 mars 1871
Blain.	M. CAHAREL, mort de la variole, M. TREMANT, percepteur.	Drs LERAY et SORTAIS.	Sœurs SAINT-MÉDARD et MARIE-LOUIS.	25 nov. 1870. 16 juillet 1871.
St-Gildas-des-Bois.	M. l'abbé de LEPERTIÈRE, supérieur de la Communauté.	Dr HOREAU.	Les Frères de Saint-Gildas.	2 mois.
Couëron.	M. BERNARD.	Dr JANVIER.	3 Militaires convalescents.	1er janvier 16 mai 1871.
Saint-Étienne-de-Mont-Luc.	M. CHANTEREAU.	Drs CHANTEREAU et CHAILLOU.	Mlles Joséphine MABIT, Marie LEROY et Marie GUIHENEUF.	1er janvier 20 mars 1871.

* Les Ambulances de la ville de Saint-Nazaire et du Croisic ont été fondées par les Comités locaux, et ne sont indiquées au Tableau qu'au point de vue des journées de traitement qui leur ont été payées par l'entremise du Comité de Nantes.

OMBRE de LITS.	NOMBRE de MILITAIRES soignés dans l'Ambul.	DÉCÈS	NATURE de LA MALADIE.	SOINS donnés PAR DES PARTICULIERS.	AMBULANCES offertes ET NON UTILISÉES.
»	385	»	»	»	LITS. Mesquer........... 20 Saint-Molf......... 15 Pouliguen......... 20 Missillac.......... 6 Bouvron.......... 20 Malville........... 10 Prinquiau......... 3 Chapelle-Launay... 20 Pierric............ 3 Saint-Joachim..... 20 Montoir........... 10 St-Nicolas-de-Redon. 14 St-André-des-Eaux.. 15 Piriac............. 10 Bouée............ 10 Guémené.......... 20 216
»	272	»	»	»	
50	125	»	»	»	
60	76	3	Fièvre ataxique, pneumonie, phthisie pulmonaire.	Sœur Saint-Godefroy.	
21	81	7	1 variole, 2 gangrènes, 3 pneumonies, 1 typhoïde.	»	
»	18	»	»	»	
25	92	2	Pneumonies.	Sœurs Saint-Euchère et Séraphine.	
20	21	»	»	M. Heurtevant, instituteur.	

DIRECTEURS.	MÉDECINS.	INFIRMIERS.	DURÉE de L'AMBULANCE.
M. l'abbé Gahier, supérieur du Petit-Séminaire; M. Gaignard, missionnaire de l'Immaculée-Conception.	Dr Oheix, MM. Anthelme et Lamy, élèves en Médecine.	MM. les abbés Hervouet, Heurtin, Criaud, Brunellière, Papin, Amailland, Gaillard, Birly, Gautret, Billard. Les Sœurs de Saint-Gildas : Sœur Théotime, Supérieure, morte de la variole; Sœurs Saint-Marcellin, Stanislas-de-Jésus, mortes des suites de fatigues; Sœurs Saint-Benoît, Madeleine-du-Calvaire, Saint-Christophe, Marie-Thaïs. Frère Louis-Marie, de la Congrégation de Saint-Gabriel, mort de la variole.	8 nov. 1870 11 avril 1871.

AMBULANCE DU PRIEURÉ

DIRECTEURS.	MÉDECINS.	INFIRMIERS.	DURÉE de L'AMBULANCE.
M. l'abbé Gaignard, missionnaire de l'Immaculée-Conception; M. l'abbé Piraud, directeur du collége St-Stanislas.	Dr Noblet, MM. Buet, Guillemet et Robin, élèves en Médecine.	MM. les abbés Camaret, Nidelet, Gascoin, Perraud Théophile, Thoby Jean-Baptiste, Foucher, Noblet Émile, Guihard, Chotard, Grenapin, Lacroix, mort de la typhoïde. Les Dames de la Retraite : Mme Augustin, Supérieure; Mmes Frocrain, Duhamel, etc.	10 déc. 1870 11 avril 1871.

Dans ces tableaux ne figure pas le chiffre de **503** Militaires malades ou blessés soignés dans deux cent quarante-quatre maisons particulières, et entièrement à la charge des personnes qui les ont recueillis.

LA DUCHERAIS

NOMBRE de LITS.	NOMBRE de MILITAIRES soignés dans l'Ambul.	DÉCÈS	NATURE de LA MALADIE.	SOINS donnés PAR DES PARTICULIERS.	OBSERVATIONS.
150	Environ 500	12	Variole, dyssenterie, typhus, typhoïde, phthisie, carie des os.	MM. les abbés BERTHO et DABIN, FRADET, pharmacien, BELLET.	

DE PONTCHATEAU

150	315	17	Typhoïde, dyssenterie, variole, pneumonie.	MM. les abbés BRILLET et JOUBERT.	

AMBULANCE VOLANTE DE LA LOIRE-INFÉRIEURE

ATTACHÉE A L'ARMÉE DE BRETAGNE

ORGANISÉE PAR LES SOINS

De MM. les docteurs MALHERBES, président.
PATOUREAU.
LETENNEUR.
VIAUD-GRAND-MARAIS.
JOUON.
LAPEYRE.
THOINNET, RAINGEARD, } membres de l'Ambulance.

PERSONNEL.

1re *Section*. — MM. les docteurs RAINGEARD, MONTFORT, BONAMY, CAILLETEAU.
2e — — — THOINNET, BARTHELEMY, RAVELEAU, DE SAINTE-CROIX.
3e — — — MERCIER, DAVID, RAUD.

M. l'abbé BRUNEAU, aumônier.
M. CORBINEAU, pharmacien.
M. BAUDOUIN, sous-lieutenant, fourrier d'Ambulance.

MM. les abbés FREMONT, GODARD, JAMET, LEGRAND, LEVÊQUE, MORISSEAU, RICHARD, GANACHAUD, VIAUD, } infirmiers.

AMBULANCE VOLANTE

ATTACHÉE AU CORPS DU GÉNÉRAL BERRANGER, COMMANDANT LES FORCES ACTIVES DE LA LOIRE-INFÉRIEURE.

PERSONNEL.

MM. les docteurs Bonamy Eugène, médecin-major de 2e classe.
Cailleteau Emile, —
Montfort Léon.
Raud Marcellin, aide-major de 2e classe.
MM. Corbineau François, pharmacien.
Baudouin Auguste, sous-lieutenant, fourrier d'Ambulance.
Abbé Bruneau, aumônier.

Riou Jean-Baptiste, sergent.
Hourdeau Mathurin, caporal infirmier.
Millet François, —
Legouarre Henri,
Leclerc André,
Briteau François,
Foucaut Louis,
Porcher Jean,
Patouiller Laurent,
Martinet François,
Berruet Pierre,
} Conducteurs, ordonnances et infirmiers.

Infirmiers ecclésiastiques.

RELEVÉ DES RECETTES

Du 15 Septembre 1870

RECETTES DU COMITÉ.

Souscription pour l'Ambulance de l'armée de Bretagne................ F.	8.952	65
Offrandes déposées à la Préfecture..................................	5.305	60
— à la Mairie de Nantes............................	4.000	50
Offrandes envoyées par les communes du département................	4.875	22
Souscriptions recueillies par le *Phare de la Loire*......................	7.792	»
— par la *Gazette de l'Ouest*....................	7.400	»
Dons des particuliers..	4.951	63
Partie du produit des troncs placés dans la ville par les soins de MM. Chapelle frères..	1.625	10
Souscriptions en argent recueillies en Angleterre par les soins de M. Poret de Morvan :		
Du Comité de secours de la ville de New-York... F. 12.500 »		
De la Société des Amis........................ 1.250 »		
Des particuliers............................ 911 45		
	14.661	45
Produit de la Loterie d'une étole, organisée par M. Fontaine...........	1.149	90
Vente du matériel des Ambulances volantes..........................	11.204	45
Reçu de l'ambulance de l'armée de Bretagne.........................	1.600	»
— pour remboursement d'avances................................	673	05
— de l'Intendance, pour vingt-cinq brancards......................	529	40
— — pour blanchissage..........................	962	»
— — pour papier feutre envoyé à Conlie.............	970	»
— — pour ravitaillement à la Gare pendant le quatrième trimestre 1870..............................	214	50
— — pour journées de traitement....................	114.848	50
F.	191.715	95

RECETTES DU COMITÉ DES DAMES.

Offrandes envoyées à la Préfecture.................................. F.	16.337	66
— à la Mairie......................................	2.082	05
Produit des quêtes dans les Églises du diocèse.........................	11.360	02
Partie du produit des troncs placés dans la ville par les soins de MM. Chapelle frères..	652	75
Quêtes du Comité des Dames, dirigées par Mmes les Vice-Présidentes....	18.952	45
Quêtes à dix centimes..	8.393	69
Produit de loteries et vente de vieil or................................	305	25
Vente de vieux linge..	2.820	75
F.	60.904	62

RÉCAPITULATION.

Recettes du Comité.............................. F.	191.715	95
Recettes du Comité des Dames....................	60.904	62
F.	252.620	57
Total des Dépenses............	248.030	57
Reste disponible............... F.	4.590	»

ı 31 Décembre 1871.

DÉPENSES DU COMITÉ.

Ambulances volantes. Armée de Bretagne. — Mobilisés. Entrée en campagne	F.	34.540	75
Installation et subvention de l'hôpital de la Ducherais		6.511	»
— — du prieuré de Pontchâteau		4.687	50
Achat de linge, couvertures, etc., etc		19.692	62
— de matelas, paillasses, etc		1.578	05
Envoi de papier feutre au camp de Conlie		970	»
Frais d'installation et subvention aux Ambulances affiliées à la Société...		15.604	74
Divers frais, y compris ceux d'administration		5.536	89
Ravitaillement des soldats arrivant à la gare de Nantes		6.838	45
Note des Pharmaciens		5.829	80
Journées de traitement payées aux Ambulances affiliées à la Société		107.096	05
Secours aux militaires du département réduits à une incapacité de travail à la suite de la guerre		7.100	»
Remis au Comité départemental, pour les non combattants victimes de la guerre		1.250	»
À la Société de l'Œuvre des orphelins de la guerre		3.490	»
A l'Œuvre pour la reconstruction des chaumières		2.000	»
Aux familles qui ont perdu un soutien dans la dernière guerre		10.000	»
	F.	232.725	85

DÉPENSES DU COMITÉ DES DAMES.

Chaussures	F.	505	80
Mercerie		237	65
Dépenses diverses		363	05
Blanchisseuse		152	35
Couvertures		1.078	25
Flanelle et molleton		2.936	25
Caleçons et bonnets de coton		1.664	60
Toile cirée		12	50
Coton cardé		56	25
Laine pour chaussettes		796	30
Caoutchouc		58	35
Tissus de coton		6.031	87
Sabots		348	»
Tabac		90	50
Journées d'ouvrières		144	»
Divers		35	»
Timbres-poste		10	20
Comestibles (vins)		783	80
	F.	15.304	72

RÉCAPITULATION.

Dépenses du Comité	F.	232.725	85
Dépenses du Comité des Dames		15.304	72
	F.	248.030	57

RELEVÉ NUMÉRIQUE ET PAR CORPS

DU

MONTANT DES JOURNÉES DE TRAITEMENT DANS LES AMBULANCES AFFILIÉES AU COMITÉ

Y compris les frais de Sépulture.

CORPS.	4e TRIMESTRE 1870.	1er TRIMESTRE 1871.	2e TRIMESTRE 1871.	3e TRIMESTRE 1871.	TOTAUX.
Armée régulière.............	16.517 40	38.575 90	5.576 50	831 50	61.501 30
Armée auxiliaire..............	6.283 80	42.574 90	1.649 50	127 50	50.635 70
Marine......................	237 70	2.185 30	194 50	» »	2.617 50
Armée prussienne............	94 »	» »	» »	» »	94 »
	23.132 90	83.336 10	7.420 50	959 »	114.848 50

ÉTAT DE MOUVEMEN

Des Militaires malades et blessés, à leur arrivée en gare de Nantes, répart

TABLEAU PAR MOIS ET PAR JOUR DES 16,478 HOMMES INSCRITS DANS LE

OCTOBRE 1870.		NOVEMBRE 1870.		DÉCEMBRE 1870.		JANVIER 1871.		FÉVRIER 1871.	
1	»	1	29	1	34	1	392	1	57
2	»	2	4	2	31	2	29	2	277
3	»	3	16	3	27	3	8	3	66
4	»	4	14	4	20	4	31	4	83
5	»	5	18	5	228	5	474	5	137
6	»	6	9	6	30	6	66	6	293
7	»	7	33	7	24	7	37	7	135
8	»	8	39	8	21	8	124	8	178
9	»	9	61	9	336	9	61	9	156
10	»	10	83	10	31	10	25	10	245
11	»	11	14	11	146	11	503	11	115
12	»	12	15	12	297	12	161	12	48
13	»	13	59	13	32	13	13	13	616
14	»	14	31	14	42	14	40	14	115
15	»	15	24	15	41	15	50	15	583
16	»	16	26	16	69	16	51	16	217
17	»	17	32	17	114	17	24	17	57
18	»	18	21	18	26	18	36	18	54
19	»	19	24	19	35	19	64	19	83
20	»	20	14	20	32	20	158	20	152
21	»	21	39	21	244	21	29	21	36
22	»	22	13	22	327	22	456	22	490
23	»	23	65	23	62	23	443	23	60
24	»	24	42	24	81	24	122	24	330
25	»	25	18	25	16	25	493	25	53
26	»	26	21	26	26	26	654	26	37
27	»	27	34	27	21	27	92	27	34
28	»	28	11	28	239	28	387	28	57
29	19	29	24	29	72	29	95		
30	48	30	23	30	15	30	277		
31	61			31	352	31	122		
	128		856		3.071		5.517		4.764

NOTA. — A ces chiffres, relevés sur les feuilles de mouvement de l'Hôtel-Dieu, du 29 octobre 1870

1° Les admissions à l'Hospice de Saint-Jacques, de janvier au 31 mai, s'élevant à 443.

2° Les admissions à l'Ambulance de l'Immaculée-Conception, faites sans enregistremen

PAR MOIS ET PAR JOUR

lans les Hospices du Département et dans les Ambulances établies par le Comité.

OSPICES ET LES AMBULANCES DE NANTES ET DE LA LOIRE-INFÉRIEURE.

MARS 1871.		AVRIL 1871.		MAI 1871.		RÉCAPITULATION.	
1	33	1	5	1	3	Octobre	128
2	18	2	5	2	9	Novembre	856
3	25	3	2	3	7	Décembre	3.071
4	10	4	10	4	13	Janvier	5.517
5	11	5	13	5	3	Février	4.764
6	15	6	5	6	6	Mars	1.009
7	27	7	9	7	1	Avril	283
8	57	8	11	8	2	Mai	382
9	10	9	2	9	6	Saint-Jacques	443
10	29	10	3	10	49	Immaculée-Conception	25
11	10	11	7	11	5		
12	5	12	11	12	56		16.478
13	50	13	1	13	68		
14	6	14	6	14	1		
15	14	15	3	15	79		
16	403	16	9	16	5		
17	60	17	10	17	6		
18	11	18	5	18	6		
19	24	19	2	19	8		
20	8	20	6	20	2		
21	11	21	114	21	4		
22	11	22	3	22	8		
23	13	23	1	23	4		
24	8	24	4	24	3		
25	14	25	6	25	5		
26	6	26	7	26	7		
27	16	27	7	27	1		
28	12	28	6	28	5		
29	9	29	6	29	1		
30	55	30	4	30	4		
31	28			31	5		
	1.009		283		382		

1 mai 1871, il faut ajouter :

'élevant à 25.

RAPPORT MÉDICAL

SUR LES ARRIVAGES A NANTES

DES MALADES ET DES BLESSÉS MILITAIRES

Du 29 Octobre 1870 au 1er Février 1871

PAR LE DOCTEUR VIAUD-GRAND-MARAIS

PROFESSEUR A L'ÉCOLE DE MÉDECINE DE NANTES,
MEMBRE DU CONSEIL CENTRAL D'HYGIÈNE ET DE SALUBRITÉ
ET MÉDECIN EN CHEF DE L'AMBULANCE DE LA GARE.

Le service médical des blessés à la gare de Nantes compte deux périodes séparées par la date du 1er février 1871.

Pendant la première, qui correspond aux grands combats de l'armée de la Loire, il est avant tout sous la direction de la Société de secours aux blessés qui l'a créé, et qui, dès le 27 septembre 1870, a transformé en ambulance une des salles du buffet. Dans la seconde, il est réorganisé militairement par M. Feltz, professeur à la Faculté de Médecine de Strasbourg (1). Il ne sera parlé ici que des faits concernant la première période.

Les évacuations sur Nantes commencèrent le 29 octobre, composées d'abord de malades provenant des

(1) Les docteurs Thoinnet et Barthélemy, qui venaient de faire la campagne, et deux autres médecins nous remplacèrent alors à la gare.

hôpitaux de Blois et de Tours. Elles ne devinrent importantes, par leur fréquence et la quantité d'hommes dont elles étaient formées, qu'à partir de la troisième semaine de novembre. Les grands convois de blessés arrivèrent vers le milieu de décembre, à la suite de batailles et engagements livrés entre Orléans, Blois et Vendôme.

Du début des arrivages au 1er février, seize mille deux cent vingt-quatre malades ou blessés ont subi un examen médical dans les salles d'attente de la gare; sur ce nombre, neuf mille six cent soixante-huit ont été ensuite distribués dans les divers hospices, lazarets et ambulances du département, ainsi que le constatent les feuilles nominatives de l'Hôtel-Dieu [1].

Les malades se présentèrent en beaucoup plus grand nombre que les blessés, ce que n'explique que trop une campagne soutenue au milieu d'un hiver rigoureux, par des troupes équipées à la hâte et non habituées à la misère et à la fatigue.

(1) Ces nombres sont extraits des notes de M. de Sallier-Dupin, commissaire de la Société pour le deuxième canton.

Le premier représente les arrivages et est déduit des comptes de la Société avec Mme Boussumier, directrice du buffet, chargée de fournir des rations aux soldats.

Le second se décompose comme il suit : cent vingt-huit malades et blessés inscrits en octobre sur les registres des mouvements de l'Hôtel-Dieu, huit cent cinquante-six en novembre, trois mille soixante-et-onze en décembre, cinq mille cinq cent dix-sept en janvier, soixante-et-onze conduits directement à l'hospice Saint-Jacques et vingt-cinq reçus chez les Pères de l'Immaculée-Conception. Il est évidemment inférieur au nombre réel des militaires soignés à Nantes pendant ce laps de temps. Jusqu'au milieu de décembre, les malades d'une certaine catégorie étaient simplement dirigés sur l'infirmerie de la caserne, et, à la même époque,

Les affections le plus souvent observées furent les maladies des voies respiratoires, les pieds gelés, les rhumatismes, tant articulaires que musculaires, la variole (plus rarement la scarlatine), la fièvre typhoïde, les affections diarrhéïques, l'anémie et l'épuisement à tous les degrés.

La *bronchite* se présenta avec une forme grave, épidémique, contagieuse, sorte de *grippe* qui se communiqua à presque toutes les personnes de service à l'ambulance de la gare. Ces caractères spéciaux lui viennent des conditions hygiéniques dans lesquelles s'étaient trouvés nos malheureux soldats, surmenés par des marches forcées, mal nourris, malpropres, trop souvent couverts de vermine, les vêtements en lambeaux et les souliers percés. Dans les formes les plus graves, elle offrait des accidents typhoïdes rappelant ce que les Allemands désignent sous le nom de *broncho-typhus*. Des hommes atteints en apparence d'une façon moyenne, succombèrent parfois subitement à une congestion pulmonaire ou à un catarrhe suffocant.

quelques-uns furent enlevés à la gare par des particuliers, sans passer par les hospices.

Le total des malades et des blessés ravitaillés à Nantes du 29 octobre 1870 au 31 mai 1871 a été de vingt-trois mille sept cents; celui des soldats soignés dans le département, pendant toute la durée de l'Ambulance, de seize mille quatre cent soixante-dix-huit. Sur ce nombre, huit cent quarante-neuf ont succombé, soit cinq cent soixante dans les hospices et deux cent quatre-vingt-neuf dans les ambulances; chiffre minime, et dont il faut encore défalquer les morts fournis par le dépôt des mobiles et celui du 28e de ligne. Les recrues du 28e, sans avoir vu le feu, ont elles seules donné cent cinquante-sept décès du 15 octobre au 1er mars, étant plus que décimées à la caserne par la variole et la dyssenterie. (Voir le registre des décès militaires des hospices de Nantes.)

— —

Plus d'un tiers des malades souffraient de cette bronchite à des degrés divers. L'odeur de la crasse humaine et celle des pieds gelés suffisaient, dans ces grandes accumulations de malheureux, pour amener la toux quinteuse qui en était le prélude.

Afin de détruire l'action de ces miasmes humains, des appareils chlorogènes de M. Moride furent établis dans l'ambulance et les salles d'attente et fonctionnèrent nuit et jour.

Les *pneumonies* consécutives à la bronchite eurent une marche bâtarde et furent plus souvent mortelles que les pneumonies franches, du reste moins communes. Elles devinrent d'autant plus dangereuses que la température s'abaissa davantage, ainsi du milieu de décembre au 1er février.

Les *pleurésies* et les *angines* de diverses sortes ne furent pas rares.

La *tuberculisation pulmonaire aiguë* fut aussi observée, et principalement chez les mobilisés pris par un second ou un troisième conseil de révision.

Les *pieds gelés* se montrèrent très-nombreux, surtout chez les cavaliers. Pouvait-il en être autrement avec un froid rigoureux et le service de grand'garde, où les feux sont interdits (1) ? Les pieds gelés reçurent à la gare

(1) A l'observatoire de M. Aug. Lefièvre à Nantes, le thermomètre centigrade est descendu : huit fois au-dessous de zéro dans le mois de novembre, vingt fois en décembre et vingt-trois fois en janvier. Dans la nuit du 31 décembre au 1er janvier il marqua — 10.

Le froid est toujours plus vif dans la Beauce, le Perche et le Vendômois, pays où campaient alors nos troupes tant bien que mal.

les soins les plus empressés, et presque tous y subirent un premier pansement.

Les *rhumatismes* ne furent que trop communs, surtout chez les francs-tireurs, les soldats et les mobiles qui avaient assisté, couchés dans la neige, aux affaires de Saint-Laurent-des-Bois et de la forêt de Marchenoir. Les cavaliers offrirent un grand nombre de rhumatismes articulaires aux genoux et aux pieds.

La *variole* vint après la bronchite, par ordre de fréquence, et cela grâce à ses propriétés éminemment contagieuses, et à l'état où se trouvaient les casernes et les dépôts de soldats à cette triste époque. Il est de croyance populaire que les Allemands n'étaient pas atteints de cette affection. Rien de plus faux, comme on pouvait s'en convaincre au Mans, dans les premiers jours de février. Vainqueurs et prisonniers ont transporté la maladie en Allemagne, où elle sévit maintenant avec violence.

Beaucoup de varioleux ont été mis en wagon en pleine éruption, et ont dû contribuer à semer l'épidémie par toute la France. Ce transport, dans des conditions si défavorables, n'a pas toujours eu sur leur santé les suites funestes que l'on devait redouter. Si la mortalité des varioleux a été énorme dans certaines salles de l'Hôtel-Dieu, où il y avait encombrement, elle n'a été que de 29 sur 382 dans les lazarets établis par M. de Sallier-Dupin aux environs de Nantes.

L'affection ne s'est communiquée à aucune des personnes de service à l'Ambulance de la gare, quoique en dehors de la vaccine, aucune précaution n'ait été prise.

Des scarlatineux, encore rouges, nous sont parfois

arrivés simplement enveloppés d'une couverture, par un temps glacial. Le plus souvent, ils n'ont rien éprouvé de bien fâcheux, ce qui semblerait donner raison à l'opinion de Sydenham sur l'hygiène à suivre pour les fièvres éruptives. La *scarlatine* a présenté à la gare un cas de transmission.

La *fièvre typhoïde* fut presque aussi commune que la variole et se développa, de plus, tardivement dans les hôpitaux sur beaucoup de malades. Elle s'explique par les conditions de froid, de nostalgie et de fatigue extrême qu'eut à supporter notre armée, et sévit particulièrement sur les jeunes soldats et les mobiles. Le véritable typhus ne présenta que des cas douteux, mais dès que les arrivages devinrent considérables, soit du milieu de décembre au mois de février, une influence typhique régna sur Nantes et ne fut pas étrangère à la grande mortalité de cet hiver. On la retrouva dans un grand nombre des affections médicales et chirurgicales de la ville : les accouchées eurent des fièvres puerpérales, et les blessés dans les hôpitaux furent atteints d'infection purulente.

Un certain nombre de soldats arrivèrent avec de la *diarrhée* par causes diverses, le plus souvent due au froid, quelques-uns même avec de la *dyssenterie,* mais cette dernière affection devait se montrer plus fréquente dans la seconde période, où l'on remarqua aussi du scorbut chez des hommes ayant tenu garnison à Paris.

Pour compléter ce tableau, il faudrait parler des anémiques, des épuisés et des démoralisés, gens souvent malmenés comme traînards, et offrant cependant une mortalité effrayante.

Le 8 décembre, un convoi de sept cent cinquante hommes était annoncé. Il entra à trois heures du soir dans la gare, où l'attendait M. le préfet de la Loire-Inférieure, M. le président de la Société de secours aux blessés, M. l'intendant divisionnaire et un grand nombre d'autres personnes. De ce convoi sortirent des hommes dans un état de désordre complet : déguenillés, sans chef, ne sachant pas où ils allaient et à peine d'où ils venaient. Ils avaient assisté, aux environs de Loigny, à la défaite du 17e corps. Vivement réprimandés, ils furent divisés par bandes et envoyés à la Roche-sur-Yon et à Niort, pour y subir un examen sévère. Quelques-uns furent retenus à Nantes et dirigés sur l'Hôtel-Dieu, *où beaucoup d'entre eux moururent peu de jours après.*

Quelques blessés se trouvaient confondus au milieu de convois de malades provenant d'évacuation d'hôpitaux situés plus près de l'ennemi. D'autres, mis en voiture au sortir du champ de bataille, nous arrivèrent par des trains spéciaux.

Les plaies dues à des balles étaient les plus nombreuses. Contrairement aux Allemands prisonniers, un grand nombre de soldats français présentaient des lésions par éclats d'obus (trente à trente-cinq pour cent).

La fréquence des blessures multiples chez le même individu, et le nombre relativement très-grand des plaies des membres, sont aussi des faits à noter.

Signalons encore l'absence presque complète de blessures par arme blanche.

La plus épouvantable arrivée de blessés eut lieu le

dimanche 12 décembre par deux convois, l'un contenant six cents hommes, l'autre à peu près quatre cents. La dépêche qui les annonçait portait : douze cents blessés. Prussiens et Français sortaient des wagons en se prêtant un mutuel secours et buvaient à la même gourde. Beaucoup offraient d'horribles blessures. Quatre d'entre eux avaient été laissés en route, étant morts dans le train. Cette évacuation provenait d'ambulances des environs de Josne et de Beaugency et se composait d'hommes frappés dans les affaires du 7, du 8, du 9 et du 10 décembre. Elle contenait un grand nombre d'Allemands. Il n'y eut aucun convoi comparable à celui-là pour la gravité des lésions observées.

Un seul blessé arriva mort à Nantes, le colonel comte Humbert de Lambilly, qui s'était si brillamment distingué dans cette campagne.

Pourrions-nous, sans faute, passer sous silence les conditions déplorables dans lesquelles se faisaient ces convois. Rarement une dépêche exacte annonçait le nombre des blessés et l'heure d'entrée du train en gare. Les hommes étaient entassés les uns sur les autres dans des wagons mal clos. Nous les recevions presque toujours au milieu de la nuit, et cela par des températures au-dessous de zéro. Le train qui les apportait avait parfois suivi une route incroyable, nécessitée sans doute par des faits de guerre.

La transition d'une voiture couverte de neige à une salle fortement chauffée n'était pas sans danger, et malgré le désir de combattre le froid dont étaient atteints nos pauvres malades, il fallait éviter de leur mettre de suite des boules d'eau chaude aux pieds et de leur administrer des boissons excitantes. Dans la nuit glaciale du 31 décembre au 1er janvier, un mobile, dont personne n'a su ni le nom ni le département, est amené du chemin de fer à l'Ambulance par M. Gilée, vice-président de la Société, et meurt immédiatement, malgré les soins que lui donne une dame se tenant à son chevet [1]. Peu de nuits après (du 3 au 4 janvier), Ferrière, mobile du Lot, souffrant d'une pneumonie, se couche à l'Ambulance et prie la personne qui lui place un vésicatoire d'écrire à sa famille; quelques heures après, il n'existait plus.

Sur trois cents malades, conduits une même nuit à l'Hôtel-Dieu, treize succombèrent en moins de vingt-quatre heures.

Les malades et les blessés, à leur descente des wagons, étaient introduits dans les salles d'attente, où ils subissaient un premier examen, séparant tout d'abord les varioleux, dirigés sur les lazarets de la Collinière et du Croissant, les dyssentériques, envoyés par voiture spéciale à l'Hôtel-Dieu, et, d'autre part, les vénériens et les galeux, que l'autorité militaire faisait conduire à la caserne ou à l'hospice Saint-Jacques.

(1) La constatation de l'identité d'un soldat est tellement importante pour les familles que l'administration militaire ne saurait trop s'en préoccuper.

Le livret est insuffisant; il s'égare ou s'oublie dans le sac. Mieux vaut la plaque de ferblanc à bords arrondis introduite par le Dr Loffler dans l'armée prussienne. Elle se porte au cou, sous la tunique, et n'offre que deux indications, mais parfaitement suffisantes pour faire reconnaître l'individu : le numéro matricule de l'homme et celui de son régiment. *Fas est ab hoste doceri.*

Cependant les autres soldats étaient ravitaillés et pansés à l'Ambulance, s'ils en avaient besoin, puis ils étaient divisés en trois groupes : les moins malades, désignés à l'Intendance, poursuivaient leur route vers la Bretagne ou la Vendée; les plus nombreux étaient dirigés vers l'Hôtel-Dieu ou le dépôt du Petit-Séminaire, d'où ils étaient versés sur les ambulances de la ville et des environs; seuls les plus malades, pour lesquels le transport immédiat eût offert un danger sérieux, restaient au buffet de la gare. Malheureusement ses treize lits, même dédoublés, étaient insuffisants, et il fallait les tenir libres pour chaque arrivée. Le séjour au buffet ne pouvait donc être que temporaire; un seul malade, souffrant de pneumonie, y demeura douze jours.

Il nous reste maintenant à dire par qui fut fait le service médical.

Un grand nombre de médecins de la ville et les élèves des hôpitaux s'étaient spontanément offerts pour prêter leur concours à la Société. Plusieurs même assistèrent à divers arrivages, en particulier le Dr Gatterre et M. Moulliéras; mais bientôt les rangs s'éclaircirent, chacun étant retenu par ses engagements vis-à-vis d'ambulances établies dans son quartier.

Je fus alors nommé par la Société médecin de l'Ambulance de la gare, et un élève en médecine, M. J. Nau, y fut attaché, comme interne, avec le grade d'aide-major. Il déploya dans cette fonction un grand zèle et montra beaucoup d'initiative, qualité précieuse en un pareil temps. Ce fut sur lui que reposa la partie la plus pénible du service. Malheureusement sa santé se ressentit de ces longues nuits passées sans sommeil et suivies de journées presque aussi rudes. Aux derniers jours de janvier, il fut atteint d'une broncho-pneumonie qui le força à interrompre ses travaux.

Deux élèves du Grand-Séminaire remplissaient aussi à l'Ambulance la charge d'infirmiers. Ils s'y tenaient chaque jour et s'y remplaçaient la nuit. Ils faisaient partie de ces jeunes hommes dévoués qui, avec M. l'abbé Martel, accouraient au premier signal, prêts à tout faire, et tour à tour brancardiers, infirmiers et distributeurs de soupe. MM. Dugast et Le Boustouler tombèrent malades au bout de quelques semaines, atteints, l'un de fièvre et d'épuisement, l'autre de scarlatine. M. Boué fut arrêté à son tour, et, le 13 janvier, ces messieurs furent remplacés par MM. Lebrun et Pouvreau, qui restèrent à leur poste jusqu'à la fin.

Il nous est impossible de citer le nom de toutes les personnes qui portèrent, à la gare, secours aux malheureuses victimes de la guerre. Qu'il nous soit du moins permis de rappeler le rôle de sœurs de charité que remplirent à chaque arrivage, de nuit et de jour et quel que fût le temps, Mlle La Roche-Billou, Mme de la Barre et Mme Viaud-Grand-Marais.

Disons aussi quels utiles auxiliaires furent pour nous les commissaires de service, et en particulier MM. de Sallier-Dupin, A. Pichery et Séligmann-Lui.

Qui n'a admiré la prodigieuse activité du premier, faisant la police de la gare et donnant ses ordres aux brancardiers pour délivrer le plus tôt possible les blessés de leur prison roulante et les faire transporter au buffet, puis à l'Hôtel-Dieu? Et cependant, il trouvait encore le temps d'organiser de grandes ambulances suburbaines et d'installer au Croissant et à la Collinière cent trente lits pour les varioleux.

Dès avant les premiers convois, M. Pichery s'était occupé à améliorer le sort de nos soldats, et avait énergiquement attiré l'attention de l'autorité sur les déplorables conditions dans lesquelles se trouvaient, à Nantes, la caserne d'infanterie et divers locaux affectés aux logements militaires. A la gare, il organisa le service du ravitaillement dans les salles d'attente et présida lui-même à la distribution des vivres.

M. Séligmann, toujours présent aussi aux arrivées et aux départs, savait s'y multiplier et se trouvait partout où l'on avait besoin de son dévouement.

RAPPORT

SUR

LA PREMIÈRE SECTION DE L'AMBULANCE VOLANTE

PAR

M. LE DOCTEUR RAINGEARD

L'Ambulance de la Loire-Inférieure, destinée à donner des soins, pendant la campagne, aux mobilisés du département qui allaient être incorporés à l'armée de Bretagne, a quitté Nantes le 18 novembre 1870. Elle arrivait le 21 au camp de Conlie.

M. l'abbé BRUNEAU l'accompagnait en qualité d'aumônier.

Le personnel médical se partageait en trois sections :

1re section : MM. RAINGEARD, MONTFORT, BONAMY, CAILLETEAU.

2e section : MM. THOINNET, BARTHÉLEMY, RAVELEAU, DE SAINTE-CROIX.

3e section : MM. MERCIER, DAVID, RAUD.

Pharmacien : M. CORBINEAU.

Comptable : M. BAUDOIN.

Neuf élèves du Grand-Séminaire partaient comme infirmiers.

Chaque section emmenait un fourgon contenant le matériel, objets de pansement et médicaments, et un omnibus pour le transport des malades ou blessés.

Pendant le séjour au camp de Conlie, on reçut, en outre, de Nantes, des matelas, des caisses de linge et de vêtements, aussi une grande quantité de médicaments. Ces ressources, en partie réservées pour notre infirmerie, en partie remises à la direction générale des Ambulances pour le service général du camp, nous furent d'un grand secours dans l'état de pénurie où nous nous trouvions.

L'Ambulance, établie dans trois des barraques du camp de Conlie, put recevoir de quarante à cinquante malades. Des évacuations de malades furent faites tous les huit jours, et même, un moment, à deux jours d'intervalle. De la sorte, pendant le mois que dura notre séjour, nous eûmes à soigner plus de deux cents hommes.

La plupart étaient légèrement atteints (diarrhée, douleurs rhumatismales, plaies aux pieds).

Les maladies plus sérieuses (pneumonie, délire alcoolique, scarlatine, au commencement variole) purent, grâce au chemin de fer, être évacuées sur des hôpitaux fixes, où devaient se rencontrer de bien meilleures conditions de guérison.

Les quelques cas terminés par la mort furent des cas de pneumonie adynamique et d'alcoolisme.

Dès le 24 novembre, la 2e section de l'Ambulance, à laquelle fut adjoint M. Mercier, partait pour suivre la 1re légion de mobilisés de la Loire-Inférieure (bataillon de Nantes) dans la marche en avant du Mans. M. l'abbé Bruneau partit avec elle.

Quelques jours après, M. David fut détaché pour le service médical des batteries d'artillerie.

Au mois de décembre, en présence des progrès de l'épidémie de variole, on créa dans une barraque isolée un service spécial pour cette maladie. M. Cailleteau en fut chargé. Ces salles, bientôt, du reste, insuffisantes, recevaient une cinquantaine de malades. Resté avec M. Raud, après notre départ, M. Cailleteau conserva notre service d'infirmerie, tout en continuant de diriger le service vraiment pénible des varioleux.

La 1re section de l'Ambulance reçut, le 21 décembre, ordre de partir à la suite de la 2e légion de la Loire-Inférieure (bataillons de Paimbœuf et Guérande) pour organiser l'Ambulance du camp de Tanouarn. Ce projet de camp n'eut pas de suite, et, le 29, nous arrivions, avec la 2e légion, à Saint-Malo.

M. Le Pommelec, maire de Saint-Servan, mit à notre disposition une vaste maison qui lui appartient. L'Ambulance s'y installa, aidée du concours dévoué du comité formé, à Saint-Servan, sous la présidence de Mme de Boishamon. Des lits, du linge, des vivres furent fournis avec empressement à nos malades.

Une infirmerie d'une trentaine de lits fonctionna, dans ces conditions, du 4 au 11 janvier.

Pendant cette période, quarante-cinq malades y furent admis, presque tous atteints d'affections pulmonaires.

1 est mort de pneumonie.

2 sont sortis guéris.

En raison de l'encombrement des hôpitaux de Saint-Malo et Saint-Servan, encombrement qui rendait nécessaire l'admission à l'Ambulance des malades restés dans les casernements et chez les habitants, dix-sept malades, pouvant être transportés, furent évacués, le 9, sur Nantes.

Quatre hommes, atteints de variole et de scarlatine, avaient été envoyés dans les services spéciaux des hôpitaux.

Le 11 janvier, nous remettions le service, comprenant à ce moment vingt-et-un malades, aux soins d'un médecin de Saint-Servan.

Pendant ce séjour, M. Bonamy fit, par intérim, le service de médecin de corps du bataillon de Guérande.

Nous devions rejoindre, au Mans, la 2e légion. Arrivés le 12 au matin, il nous fallut suivre, à Alençon, nos voitures d'ambulance, que l'ordre d'évacuation de tout matériel transportable ne permit pas de laisser à la gare du Mans.

Nous assistions, le 15, à l'engagement qui eut lieu à la porte d'Alençon. Là seulement, il nous fut permis de soigner une douzaine de blessés, pour lesquels l'hospitalité nous était donnée dans la maison de la Providence, servant déjà d'ambulance pour des malades.

Le soir, les troupes françaises avaient quitté Alençon. Nos blessés devaient être soignés par le médecin ordinaire de la maison où ils avaient reçu asile. Nous sommes partis dans la nuit pour rejoindre, vers Mayenne, l'armée du Mans.

Le retour de la 2e légion de la Loire-Inférieure, rappelée pour être cantonnée dans son département, nous ramena, le 25 janvier 1871, à Nantes, où l'armistice et la paix vinrent décider la dissolution de l'Ambulance.

RAPPORT

SUR

LA DEUXIÈME SECTION DE L'AMBULANCE VOLANTE

PAR

M. LE DOCTEUR FRANÇOIS-PIERRE BARTHÉLEMY

La 2e section de l'Ambulance de la Loire-Inférieure quitta le camp de Conlie le 24 novembre 1870, à la suite de la division de l'armée de Bretagne, que M. de Kératry conduisait rejoindre l'armée de la Loire.

M. Ch. THOINNET, médecin en chef.

MM. les docteurs MERCIER, RAVELEAU, BARTHÉLEMY et SAINTE-CROIX.

M. l'abbé BRUNEAU, aumônier.

Le matériel consistait en l'omnibus, le fourgon de la section et six chevaux.

M. le comte Foucher de Careil réunit notre section, une section des Côtes-du-Nord et une section internationale en une grande Ambulance, dont il prit lui-même la direction. Quarante mobilisés du Morbihan, commandés par le lieutenant Cadic, devaient remplir les fonctions d'infirmiers militaires et de domestiques.

Du 25 novembre au 4 décembre, nous établissions dans l'usine de M. Monoyer (près Yvré-l'Évêque) un hôpital provisoire, qui recevait en moyenne, par jour, trente à quarante malades appartenant aux troupes nombreuses campées autour d'Yvré-l'Évêque (bronchites, pneumonies, diarrhée, érysipèles et érythèmes de la face *a frigore,* varioles, affections nombreuses des pieds [1], enfin quelques blessures accidentelles). Les malades peu gravement atteints étaient soignés à l'Ambulance, puis renvoyés à leur corps au bout de quelques jours. Les autres étaient, autant que possible, évacués chaque jour sur les Ambulances sédentaires du Mans, à l'aide de notre matériel et de celui des deux autres sections. Aussi, il n'y eut que deux cas de décès dans l'Ambulance, l'un de typhus, l'autre de pneumonie adynamique. Malgré l'insuffisance de notre matériel pour les évacuations, nous n'avons pu obtenir qu'une seule fois le secours du chemin de fer.

Pendant ce temps, deux des médecins de notre section, MM. Raveleau et Sainte-Croix, requis par M. Gestain, médecin en chef de la division, passèrent comme chirurgiens de bataillon dans l'armée régulière.

M. Foucher de Careil était parti de son côté à la suite de M. de Kératry.

Le 5 décembre, nous arrivions à Saint-Calais avec la

(1) Les majors prussiens nous ont affirmé que toutes ces lésions des pieds sont inconnues dans l'armée prussienne, où l'état de la chaussure est l'objet d'une surveillance des plus minutieuses.

division de Bretagne, devenue, sous le commandement du général Goujeard, la 4e division du 21e corps.

Le 7, sur l'ordre de M. Gestain, nous nous séparâmes à Épuisay de l'Ambulance internationale dirigée par M. le docteur Villeneuve, et nous continuâmes à marcher en avant, avec la section des Côtes-du-Nord, sous la conduite de M. le docteur Formorel. Les quarante Morbihanais nous accompagnaient. Les divisions voisines étaient aux prises avec l'ennemi, et dès lors, le canon ne cessa pas de gronder chaque jour autour de nous.

Nous suivîmes ainsi pas à pas notre division à la Ville-aux-Clercs (8-9), à Fréteval, à Écoman (11-12).

Dans ce village, perdu au milieu des bois, nous avions à soigner des malades assez nombreux, disséminés dans les maisons. L'ordre de battre en retraite arrive au milieu de la nuit. Nous recevons la mission de partir les derniers, en veillant à ce qu'aucun malade ne reste en arrière. Nous en remplissons nos voitures, ainsi que plusieurs charrettes légères requises à cet effet, et qui nous furent, dans la suite, de la plus grande utilité.

(14-17.) Le quartier général de la division Goujeard était au château de Rougemont. Nous allâmes nous fixer à quelques centaines de mètres de là, aux Bordeaux, maison de plaisance et fermes appartenant à un médecin de Châteaudun. Beaucoup de chambres, de vastes greniers, des granges, un peu de literie et de paille nous permirent d'installer convenablement notre Ambulance, qui se remplit d'abord de malades (bronchites, courbatures, diarrhées, dyssenteries, fièvres typhoïdes, variole), puis de blessés, à la suite des affaires de Fréteval, Morée, Saint-

Hilaire. Nous eûmes l'ordre de nous porter sur le champ de bataille avec tous nos moyens de transport, et nous ramenâmes cinq voitures chargées de blessés de Saint-Hilaire, et deux grandes charrettes de Fréteval.

Ces blessés appartenaient aux divisions voisines. La plupart étaient atteints aux jambes. Plusieurs avaient des plaies pénétrantes de poitrine avec sortie de la balle et sans complication grave. A côté des plaies par armes à feu, il n'y avait que quelques entorses et quelques fractures de jambe. Nous eûmes à soigner, pendant plusieurs jours, une quarantaine de blessés et plus du double de malades. L'absence de pharmacien et de comptable, le manque de domestiques et d'infirmiers capables de nous seconder nous furent des plus pénibles.

Le 18, dans la matinée, nous constatâmes, non sans étonnement, que les différents corps campés dans les environs avaient disparu pendant la nuit. Nous restions sans ordre et sans indication sur la marche de notre division. Le maire de la commune de Rougemont, M. le marquis de Nadaillac, vint nous prévenir qu'à Saint-Hilaire et à Morée, de nombreux blessés français étaient demeurés abandonnés, sans médecin ni secours; quelques-uns même encore étendus sur le champ de bataille. Nous nous dirigeâmes de ce côté, emmenant avec nous tous les malades ou blessés de l'Ambulance des Bordeaux, qui ne pouvaient se passer de nos soins.

Notre convoi fut bientôt arrêté par des hulans, la lance et le révolver au poing. Après quelques explications, ils nous laissèrent passer outre. Nous arrivions de nuit à Saint-Hilaire. Tandis que nous parlementions avec le commandant prussien et que nous donnions des secours à une soixantaine de blessés français entassés dans la maison d'école, nos Morbihanais laissaient les Allemands fouiller dans nos bagages et nous voler toutes nos provisions de bouche, sauf une caisse de biscuit. Le commandant nous enjoignit de nous rendre à Morée, où nous arrivâmes après des peines inouïes, la route ayant été coupée en maint endroit pour arrêter la marche des Prussiens.

A Morée, cinq ou six sœurs de la Sagesse avaient transformé leur communauté en une vaste Ambulance. Sous la direction de la sœur Secondine, leur supérieure, qui, dans ces circonstances difficiles, fit preuve d'un dévouement et d'une énergie véritablement au-dessus de tout éloge, elles donnaient, depuis plusieurs jours, les soins les plus empressés à de nombreux militaires français malades ou blessés. Elles trouvaient encore moyen de porter quelques secours à une cinquantaine d'Allemands couchés dans la mairie. Nous réunîmes nos efforts et nos ressources. Quant aux habitants du pays, frappés d'une stupeur profonde, ils ne songeaient aucunement à venir en aide à leurs compatriotes.

Le personnel de la communauté et de l'Ambulance dut se multiplier pour parcourir les champs et les vignes qui environnent Morée, et relever des soldats français assez nombreux qui, à demi ensevelis dans la neige, avaient survécu, malgré l'absence de soins et de nourriture et un froid des plus vifs. Le troisième jour même après le combat, nous trouvâmes un pauvre soldat qui, la tête fracassée par une balle, respirait encore. Il fut transporté à l'Ambulance, réchauffé, ranimé, reprit connaissance; il vivait encore quand nous quittâmes Morée.

Nous eûmes ainsi un service médical et chirurgical comprenant trois cents individus environ, appartenant à plusieurs divisions [1] et à toutes les armes, soldats de ligne, marins, mobiles et mobilisés, chasseurs à pied et chasseurs d'Afrique, francs-tireurs et zouaves pontificaux.

Les blessés occupaient tout le rez-de-chaussée de la communauté, y compris la chapelle, et le rez-de-chaussée de plusieurs maisons voisines. Ils étaient, pour la plupart, frappés de balles tirées à courte distance, quelques compagnies ayant été envoyées pour tâcher de déloger les Prussiens embusqués dans les maisons de Morée et même dans la communauté. Le plus grand nombre étaient atteints aux jambes et aux cuisses. Les blessures doubles ou multiples étaient nombreuses. Il y avait également quelques plaies par éclats d'obus, mais aucune par arme blanche. Le courage et la résignation de ces hommes étaient réellement admirables. Meurtris, mal couchés, peu ou point nourris, ils souffraient sans se plaindre. Les blessés prussiens, bien que beaucoup plus confortablement installés, ne nous parurent point avoir la même énergie.

Les malades remplissaient le premier étage de la maison (cas nombreux de variole, fièvre typhoïde, dyssenterie, bronchite, pneumonie et pleurésie. Toutes ces affections, aggravées par la misère, revêtaient un carac-

(1) La division Goujeard n'était représentée que par quelques malades. La plupart des blessés appartenaient à la division Rousseau.

tère très-prononcé d'adynamie). Enfin dans le grenier s'entassaient une foule de malheureux soldats exténués ou malingres.

Nos ressources, jointes à celles des excellentes religieuses, étaient insuffisantes pour tant de besoins. Les malades les plus souffrants et les blessés les plus graves avaient seuls un matelas ou une paillasse. Tous les autres étaient couchés sur le plancher avec un peu de paille et tout habillés. Quand tout fut distribué, il ne resta ni paille ni même place dans la maison pour le personnel médical, qui dut se réfugier la nuit dans les voitures.

D'un autre côté, dès le lendemain de notre arrivée, la famine fut menaçante. Tout le monde fut mis à la ration. Nous réclamâmes auprès du général Von der Thann, à Morée, et auprès du grand duc de Mecklembourg, à Cloyes, demandant des vivres ou l'autorisation de faire des évacuations sur un pays moins affamé. Il nous fut répondu que nous étions gardés à Morée comme otages, parce que deux médecins prussiens avaient été faits prisonniers par les troupes françaises.

Au bout de quelques jours, le marquis de Nadaillac, instruit de notre détresse, réussit à nous faire parvenir deux sacs de farine, et un officier prussien nous envoya quelques quartiers de vache.

Le 22, un médecin prussien, le major Hohman, vint visiter notre Ambulance, en constata l'encombrement et le peu de ressources, et procéda immédiatement à une évacuation. Il emmena quatre-vingts à quatre-vingt-dix malades ou blessés. Notre matériel, des voitures d'ambulances anglaises et prussiennes servirent à cette évacuation. Les moins gravement atteints allaient à pied. Un des membres de notre Ambulance accompagna le convoi jusqu'à Chartres et revint deux jours après. Un des chevaux était crevé sur la route, et une des charrettes avait dû être abandonnée.

Pendant notre séjour à Morée, nous eûmes à constater un certain nombre de décès, causés soit par les maladies et particulièrement la variole qui, en quatre jours, enleva un de nos conducteurs, soit par des blessures (plaies de tête, plaies de l'abdomen, fractures comminutives, etc.).

Le 25, profitant d'un moment où Morée était dégarni de troupes allemandes, nous nous mîmes en route avec tous les malades ou blessés que notre matériel nous permit d'emmener. Un des médecins des Côtes-du-Nord avait bien voulu rester à Morée et se charger des soins à donner aux militaires que nous y laissions.

Le 28, nous arrivions à Yvré-l'Évêque, après une marche pénible par des chemins détournés, pour éviter de tomber dans les postes prussiens. Le froid était des plus vifs; un de nos malheureux blessés, atteint en route du tétanos, fut laissé mourant au presbytère du petit bourg de Beauchêne. Un de nos chevaux fut abandonné fourbu sur la route, un autre succomba quelques jours après. Notre matériel était disloqué et pour le moment hors de service, nos conducteurs et infirmiers épuisés, plusieurs d'entre eux furent obligés d'entrer immédiatement à l'hôpital.

Nous fûmes bien accueillis par le général Goujeard, qui nous félicita sur notre conduite. Le lendemain nous reçûmes l'ordre de M. Bonamy, l'intendant de la division, de partir pour Conlie, où nous devions trouver les moyens de nous remettre en état de tenir la campagne. — Du 29 décembre au 4 janvier, nous fûmes occupés à cette œuvre; les uns à Conlie, les autres au Mans. M. l'abbé Bruneau vint même jusqu'à Nantes et nous rapporta plusieurs ballots de lingerie et objets de pansements et 2,000 francs que nous envoyait M. Larray, au nom de la Société de secours. Cela nous arrivait fort à propos. Nous fîmes également, soit à Conlie, soit à Yvré-l'Évêque, des démarches pour toucher notre solde et celle de nos hommes. On nous fit des difficultés sur la régularité des pièces que nous présentions à l'appui de cette demande, et on nous donna l'assurance que cette question serait réglée plus tard. Nous attendons encore un règlement.

Les médecins des Côtes-du-Nord, nos compagnons jusqu'alors, préférèrent rester à Conlie; quant à nous, nous n'avions qu'un désir, rejoindre et suivre du plus près possible nos concitoyens. Le 5 janvier nous étions de retour à la division. Le général Goujeard nous fit un accueil très-sympathique, nous félicitant sur notre conduite passée et nos bonnes dispositions pour l'avenir. Il fut convenu que nous serions admis à accompagner la division avec le titre d'ambulance auxiliaire de la Loire-Inférieure. Le général nous autorisait à suivre tout spécialement la brigade du colonel Bel. De notre côté, nous nous engagions à obéir en tout aux ordres du général et de l'intendant. Il y eut, en effet, un envoi régulier d'ordres de service, comme le prouve la lettre jointe à la fin de ce rapport.

L'Ambulance ne comprenait plus que trois médecins, MM. Thoinnet, Mercier et Barthélemy. M. l'abbé Bruneau continuait son œuvre de dévouement et de charité chrétienne. Comme aides, il ne nous restait qu'un conducteur mobilisé de la Loire-Inférieure et une douzaine de Morbihanais. A l'omnibus et au fourgon, nous avions ajouté deux voitures légères et acheté deux chevaux.

Établie au moulin de la Couture, près du quartier du colonel Bel, notre Ambulance eut à soigner, du 5 au 10, quelques malades de la brigade et à distribuer chaque jour des médicaments à des soldats qui restaient dans leurs compagnies.

Le 10, nous nous portâmes sur l'ordre de l'intendant à Fatines, où nous reçûmes un certain nombre de malades et de blessés, évacués le soir même par nous sur le Mans.

Le 11, notre Ambulance s'établit dans une ferme entre Fatines et Champagné, deux points où étaient en ligne les bataillons de la Loire-Inférieure. Déjà nous avions recueilli un certain nombre de blessés, lorsque des hussards bleus, éclaireurs de l'armée ennemie, vinrent nous inspecter, et après avoir constaté que nous étions suivant les règles, sans arme et sans protection militaire, cherchèrent à emmener nos chevaux et nos voitures. Nous protestâmes; on nous mit le mousqueton sous la gorge. Un de nos meilleurs chevaux fut ainsi arraché des mains du docteur Mercier.

Nous fûmes réduits à battre précipitamment en retraite, poursuivis par les Allemands et protégés heureusement à temps par le général de Cathelineau et ses braves éclaireurs. Le drapeau de notre voiture d'ambulance fut percé de plusieurs balles. Le soir, nous rapportions encore nos blessés jusqu'au Mans.

Le 12, nous avons la douleur d'assister à l'occupation

du Mans par l'armée ennemie et d'être pris avec les autres ambulances et une partie des bagages du 21e corps. Nous allons alors demander aux Pères Jésuites une hospitalité qui nous est cordialement accordée. Les Pères avaient installé, dans le magnifique établissement de Sainte-Croix, une vaste ambulance. Ils voulurent bien nous confier le service de la moitié des salles, environ cent cinquante à cent soixante lits.

Les jours suivants nous fîmes plusieurs voyages à Champagné et dans les environs, distribuant des vivres, des médicaments, des objets de pansement, aidant MM. Bachelot et Porson, aides-majors des bataillons mobilisés, à faire quelques opérations, recueillant des blessés abandonnés dans les fermes, et ramenant chaque jour au Mans nos voitures chargées de blessés, zouaves pontificaux et soldats de ligne.

Cependant une nombreuse escouade de soldats prussiens, avec quatre cents chevaux, avait fait invasion dans l'établissement de Sainte-Croix. Dès lors nous eûmes à constater chaque jour la disparition d'une partie de notre matériel, approvisionnements et fourrages, lingerie, objets de toute sorte, enfin charrettes et chevaux. Le grand fourgon, grâce à sa masse et au verglas, résista à toutes les tentatives d'enlèvement. Nos réclamations près des autorités prussiennes, poliment accueillies, n'amenaient aucun résultat. Bientôt il ne nous resta plus que deux chevaux, et nous n'avions point de fourrages. Il était temps de songer à la retraite.

Tous les blessés de notre division étaient distribués dans les ambulances sédentaires, et soignés par les médecins de la ville ou des chirurgiens militaires; notre présence n'était plus aussi nécessaire à Sainte-Croix. Nous demandâmes au commandant de place prussien un laisser-passer pour Angers, ce qui nous fut accordé, non sans difficulté.

Nous quittions le Mans le 18 au soir, laissant à l'ambulance de Sainte-Croix tout ce qui nous restait en fait de médicaments et d'objets de pansements, précieuse ressource en un pareil moment, et après avoir partagé nos infirmiers entre plusieurs ambulances.

A Angers, on nous apprit, dans les bureaux de l'intendance, que notre corps d'armée se trouvait entre Alençon et Laval. M. le docteur Mercier, malgré une indisposition assez grave, se dirigea aussitôt de ce côté, et parvint à rejoindre la division Goujeard. Bien accueilli par le général, promu au grade de médecin-major, chargé du service médical de la 1re brigade, il accompagna nos bataillons jusqu'à leur désarmement, et eut l'occasion de rendre encore de nombreux services.

D'un autre côté, MM. Bruneau, Thoinnet et Barthélemy arrivaient à Nantes, le 25 janvier, avec l'omnibus et deux chevaux, et remettaient à M. Larray 1,600 francs des 2,000 qu'ils en avaient reçu.

Sans pouvoir donner de chiffres précis, nous pensons ne rien exagérer en disant que nous avons eu à donner des soins à plus de quinze cents malades ou blessés. Un grand nombre, comme nous l'avons fait observer, appartenaient à des divisions voisines de la nôtre. Il est bon de remarquer que, jusqu'à notre retour à Conlie, dans les derniers jours de décembre, nous n'avons formé qu'une seule

Ambulance avec la section des Côtes-du-Nord, dirigée par M. le docteur Formorel.

Les services que nous avons été heureux de rendre eussent été certes plus nombreux, plus rapides et plus efficaces, si nous avions trouvé dans notre entourage un concours suffisant. Nous devons toutefois signaler le zèle de nos deux conducteurs mobilisés de la Loire-Inférieure, L. Quirion et Y. Thomas, qui nous aidèrent réellement dans toute la mesure de leurs forces, et qui, tous deux, tombèrent malades de fatigue et de misère.

Qu'il nous soit permis, en terminant, de rendre un juste hommage à l'activité et au dévouement infatigables de M. l'abbé Bruneau, notre aumônier. A Morée, ce fut lui qui se mit à la tête de nos infirmiers pour relever les blessés et faire enterrer les morts, que les habitants laissaient sur le champ de bataille. Il fut obligé de payer de sa personne et de donner l'exemple en mettant la main au brancard et à la pioche. Enfin, dans les tristes journées de Champagné, il se porta, sans souci du danger, au milieu des combattants, prodiguant les encouragements patriotiques et les consolations de la religion.

21e Corps d'Armée.

4e DIVISION D'INFANTERIE.

SERVICE DES Ambulances.

Camp d'Yvré-l'Évêque, le 8 janvier 1871.

MONSIEUR LE MÉDECIN EN CHEF,

J'ai l'honneur de vous informer qu'une portion de la division Goujeard se mettant en mouvement demain, 9, à sept heures du matin, l'ambulance de cette division suivra la colonne; mais, comme tous les malades actuellement à cette ambulance ne pourront être évacués sur le Mans, j'ai invité M. le Médecin en chef à laisser le personnel strictement nécessaire pour assurer le service, jusqu'à ce qu'il y soit pourvu.

J'ai compté, M. le Médecin en chef, sur votre concours, pour remplacer ce personnel, et je viens vous prier de vouloir bien aller vous établir à la ferme située près du château de la Fouasserie (quartier général de M. Goujeard), où se trouve actuellement l'ambulance de notre division.

La brigade commandée par M. le colonel Bel, à laquelle appartiennent les trois bataillons de la Loire-Inférieure, se concentre sur Champagné; vous n'en serez donc pas éloigné : d'ailleurs, aussitôt que vous jugerez possible, par suite de l'évacuation des malades de l'ambulance actuelle, de vous rapprocher ou même de vous établir à Champagné, je vous y autorise complétement.

Je vous prie de vouloir bien veiller à ce que les malades soient évacués sur le Mans aussitôt que possible, et de ne conserver à l'ambulance que ceux complétement intransportables, afin de pouvoir suivre la colonne du colonel Bel, dans le cas où elle se mettrait en marche.

Vous seriez bien aimable, M. le Docteur, de vouloir bien prévenir le colonel Bel de votre changement.

Agréez, M. le Médecin en chef, l'assurance de ma considération distinguée.

L'Intendant militaire de la 4e division,

J. BONNAMY.

RAPPORT

SUR

LA TROISIÈME SECTION DE L'AMBULANCE VOLANTE

PAR

M. LE DOCTEUR CAILLETEAU

MONSIEUR LE PRÉSIDENT,

J'ai l'honneur de vous adresser le rapport que vous me demandez, au sujet de la 3e section de l'Ambulance de la Loire-Inférieure pendant son séjour au camp de Conlie et après son départ.

I

SALLE N° 2 (VARIOLEUX).

Vers le commencement de décembre 1870, la variole faisait, au camp de Conlie, les plus grands ravages; la salle N° 1 ne suffisant plus à recevoir les malades qui s'y présentaient journellement, je fus chargé, le 3 décembre, par M. le directeur général des Ambulances, de fonder une salle de varioleux de cinquante lits. Les abbés Viaud et Legrand, de l'Ambulance de la Loire-Inférieure, furent attachés à ce service; les autres infirmiers furent pris, soit dans les bataillons, soit dans les autres Ambulances.

Le 4 décembre, je pus recevoir, malgré une installation bien incomplète, quelques malades; le 7, la salle était remplie. Depuis le 4 décembre 1870, jusqu'au 13 janvier 1871, c'est-à-dire pendant trente-neuf jours, j'ai reçu deux cent soixante-quatorze varioleux, dont deux cent quatorze ont été évacués sur Rennes en pleine convalescence; un est resté attaché à la 3e section, quarante-huit sont décédés (parmi ces quarante-huit, il y en avait trente atteints de variole hémorrhagique), onze enfin ont été évacués, le 13 janvier, sur la salle N° 1.

Je ne dois pas oublier de noter que le service de cette salle N° 2 a été des plus pénibles, et que M. l'abbé Viaud s'y est tout particulièrement distingué.

SALLE N° 3 (VARIOLEUX).

Vers le 10 décembre, on créa une troisième salle de varioleux, dont la direction me fut confiée; le reste du personnel fut choisi par la direction générale dans les autres Ambulances. On soigna dans cette salle environ soixante-dix malades; parmi eux, une quinzaine sont décédés; les autres ont été évacués sur Rennes en pleine convalescence, excepté dix, qui furent envoyés à la salle N° 2, vers la fin de décembre. La salle N° 3, jugée insalubre, fut alors fermée.

SALLES N° 14 ET N° 16.

Par suite du départ de la 1re section, je restai avec M. Raud, aide-major, chargé des salles N° 14 et N° 16, dont M. Raingeard, chirurgien-major en chef, avait eu la direction jusqu'alors.

Du 20 décembre 1870 au 13 janvier 1871, on reçut, dans ces deux salles, cent trois malades, parmi lesquels quarante-huit bronchites, vingt-quatre angines, six varioloïdes, deux fièvres scarlatines, sept pneumonies, deux fièvres continues, trois conjonctivites, deux phthisies, sept plaies, une entorse, un vénérien. Tous ces malades ont rejoint leurs corps après guérison, ou ont été évacués sur Rennes, en voie de guérison ou améliorés.

II

C'est le 13 janvier que la 3e section reçut l'ordre de quitter le camp.

Après avoir fait charger le fourgon et l'omnibus avec les caisses de l'Ambulance : couvertures, caisses de linge, appareils à pansement, vivres, batterie de cuisine, etc., nous fîmes transporter à la direction générale, pour diriger sur Rennes par chemin de fer, des matelas, couvertures, caisses de linge et de vêtements, dites caisses d'Indret, etc., tout enfin ce qui ne pouvait trouver place dans le fourgon; la caisse du culte fut déposée dans un couvent du bourg de Conlie (vers la fin de décembre, M. Thoinnet et sa section avaient reçu de nous deux chevaux, des caisses de linge, conserves, etc.).

Nous nous rendîmes alors à la mairie de Conlie où, dans la journée du 13 et dans la matinée du 14, nous avons pansé, avec les chirurgiens d'Ille-et-Vilaine, une cinquantaine de blessés, qu'on évacuait de suite autant que possible. Le 14, notre présence à Conlie étant inutile, nous partîmes pour Rennes nous remettre aux ordres de M. le directeur général des Ambulances. Nous avions dans l'omnibus quatre blessés, qui prirent le chemin de fer à la gare d'Évron. Ce même jour, 16 janvier, M. Monfort, séparé de sa section, nous rejoignit. Arrivée à Rennes le 19 janvier, la 3e section reçut, le 28 du même mois, l'ordre de se rendre à Nantes. Elle était alors ainsi composée :

Liste du personnel au moment de l'arrivée à Nantes (2 février).

MÉDECINS ET CHIRURGIENS.

MM. Cailleteau, Émile, chirurgien-major de 2e classe.
Monfort, Léon, chirurgien-major de 2e classe.
Raud, Marcellin, aide-major de 2e classe.

INFIRMIERS ECCLÉSIASTIQUES.

MM. Viaud, Jean-Baptiste, infirmier des varioleux, salle N° 2.
Richard, Louis, infirmier des salles Nos 14 et 16.
Forget, Pierre-Marie.
Métaireau, Félix.
Jaumouillé, Louis.
Ver, Louis.
} Ces quatre derniers faisant partie de l'Ambulance depuis les premiers jours de janvier.

INFIRMIERS, CONDUCTEURS ET ORDONNANCES.

MM. Riou, Jean-Baptiste, sergent (Loire-Inférieure).
Miller, François, caporal (Morbihan).
Leclerc, André (Loire-Inférieure).
Martinet, François (Loire-Inférieure).
Legouare, Henri (Morbihan).
Le Logeais, Jean-Baptiste (Loire-Inférieure).
Martinet, Léon (Loire-Inférieure).

Liste du matériel.

Six chevaux.
Un fourgon chargé de caisses.
Un omnibus.

J'aurais voulu, Monsieur le président, vous donner des renseignements plus précis, mais, avec les nombreuses occupations des trois services et de la direction, il m'a été impossible de prendre autant de notes que je l'aurais désiré.

NOTE DU DOCTEUR COUANNE

SUR

LA POURRITURE D'HOPITAL

Vers la fin du mois de mars, à l'Ambulance du quai Turenne, après avoir eu le bonheur d'échapper, pendant près de trois mois, à toute influence épidémique, j'eus l'occasion de voir et de soigner deux cas de pourriture d'hôpital, l'un sur un malade atteint de congélation des pieds en voie de réparation, l'autre sur un mobilisé auquel on avait fait l'application d'un large vésicatoire à la région ischiatique pour une sciatique.

Divers traitements successivement employés, tels que cautérisations avec l'acide hydrochlorique, acide phénique, jus de citron, application de poudre de quinquina et de camphre furent sans résultat. En présence de la ténacité du mal et de la disposition à l'envahissement des tissus voisins, je dus faire d'assez nombreuses recherches, qui m'amenèrent à essayer l'emploi de l'essence de térébenthine pure dans la forme suivante, extraite d'une pratique des hôpitaux de Belgique. Je faisais des gâteaux

NOTE DU DOCTEUR COUANNE

SUR

LA POURRITURE D'HOPITAL

Vers la fin du mois de mars, à l'Ambulance du quai Turenne, après avoir eu le bonheur d'échapper, pendant près de trois mois, à toute influence épidémique, j'eus l'occasion de voir et de soigner deux cas de pourriture d'hôpital, l'un sur un malade atteint de congélation des orteils en voie de réparation, l'autre sur un mobilisé auquel on avait fait l'application d'un large vésicatoire à la région trochantérienne pour une sciatique.

Divers traitements successivement employés, tels que cautérisations avec l'acide hydrochlorique, acide phénique, jus de citron, application de poudre de quinquina et de camphre furent sans résultat. En présence de la ténacité du mal et de la disposition à l'envahissement des tissus voisins, je dus faire d'assez nombreuses recherches, qui m'amenèrent à essayer l'emploi de l'essence de térébenthine pure dans la forme suivante, extraite d'une pratique des hôpitaux de Belgique. Je faisais des gâteaux de charpie un peu épais, pouvant recouvrir et même un peu dépasser la totalité des surfaces envahies par le mal. Je les imbibais bien complétement d'essence, et je les appliquais sans intermédiaire sur la plaie gangreneuse. L'effet en fut des plus rapides et des plus satisfaisants. Le premier résultat fut d'enrayer aussitôt la marche envahissante du mal; puis les tissus gris, mous, pultacés et gangreneux se détachèrent, et dessous apparut une surface rosée recouverte de bourgeons charnus de bonne nature, qui se cicatrisèrent assez promptement sous l'influence d'un pansement avec une pommade composée d'un quart de poudre de quinquina pour trois quarts de styrax.

Je fis part de ces résultats à mon confrère et ami le docteur Patoureau, chirurgien en chef de l'Hôtel-Dieu, dont le service était envahi par la pourriture d'hôpital. Il employa immédiatement sous mes yeux le pansement qui m'avait si bien réussi, et nous eûmes la satisfaction de voir, au bout de quelques jours, toutes les gangrènes enrayées, les plaies prendre un bon aspect et tendre rapidement à la cicatrisation. Du reste, les faits, assez nombreux, doivent être mis au jour prochainement par l'interne du service de M. Patoureau, qui les a suivis et recueillis avec le plus grand soin.

1769 — Nantes, Imp. Jules Grinsard, succ. de M. Charpentier.

www.ingramcontent.com/pod-product-compliance
Ingram Content Group UK Ltd.
Pitfield, Milton Keynes, MK11 3LW, UK
UKHW012048240726
13965UKWH00003B/1132